Squeezing Effects
of Consumer Credit on Consumption

消費信貸的
消息擠出效應研究

吳龍龍 著

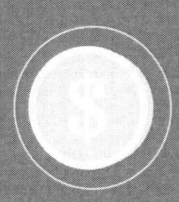

財經錢線

內容提要

　　自20世紀90年代後期起，擴大內需成了中國政府發展經濟的重大戰略舉措，而消費作為拉動經濟增長的「三駕馬車」之一，在擴大內需的過程中被寄予厚望。在這一背景下，消費信貸作為改善居民消費環境，擴大即期消費需求的重大政策被提出，並在政府支持下得到快速發展。近十年來，消費信貸在刺激消費，擴大內需，進而推動整個經濟增長以及提高金融機構自身的經濟效益等方面，所發揮的作用得到了廣泛的認可。但是，消費信貸在刺激消費的過程中實際發揮的作用與其應該發揮的作用之間還存在明顯的「缺口」，產生這一缺口的根本原因在於消費信貸在削弱消費者的預防性儲蓄動機的同時，又強化了消費者的目標儲蓄動機，由此形成了消費信貸對消費的擠出效應。因此，正確認識消費信貸對消費的擠出效應及其對消費信貸功能的影響，對於合理發揮消費信貸的作用，無疑具有重要意義。迄今為止，國內外學者對消費信貸效應的研究主要著眼於其對消費的正面刺激效應，而對於其負面效應則鮮有涉及。雖然有少數人曾對消費信貸的消費刺激效應提出過質疑，並對消費信貸的消費擠出效應作了嘗試性的探討，但這些探討都只是點到為止，既缺少理論深度，也沒有實證研究，以致在這一問題上，依然留下了很大的研究空間。鑒於這樣的研究現狀，作者在本書中嘗試了對消費信貸的消費擠出效應問題的深入研究。本書共有以下六個部分：

第一部分是中國消費信貸的發展現狀及其效應概述。在本部分中，作者根據中國的具體情況，對消費信貸的內涵和外延做出了合理的界定，明確指出「消費信貸是商業銀行或其他金融機構以貸款或信用卡透支方式，向消費者個人或家庭提供的，用以滿足消費需求的信用」，並論證了在中國現實經濟條件下，個人住房信貸和汽車信貸也應歸屬於消費信貸範疇的觀點。同時，作者簡要分析了中國消費信貸的發展狀況及存在的問題，並在對消費信貸的效應做出初步的闡述和評價的基礎上，重點闡述了消費信貸的消費擠出效應的概念、客觀性和可控性，認為消費信貸對消費的擠出效應是指「隨著消費信貸的增加，在居民消費支出的結構隨著消費信貸支持重點的調整而發生相應改變的同時，消費支出的規模相對縮小或增長速度相對下降」，並在分析後指出：消費信貸對消費的擠出效應是客觀存在的，只是在不同的時間和空間中其表現程度不同而已；消費信貸對消費的擠出效應是可以得到有效控制和合理調節的。

第二部分是中國消費信貸擠出消費的現狀。本部分以近二十年來消費者的最終消費率、消費者的邊際消費傾向，以及消費需求對經濟增長的貢獻率和拉動作用的變化為分析的切入點，根據這些指標在消費信貸規模不斷增長的情況下明顯下降這一現實，對消費信貸擠出消費的事實作出了初步推斷，並通過分析中國現行消費信貸的基本結構，對擠出效應的客觀性作了初步的解釋。在此基礎上，作者利用現有的資料並借助於簡單的計量分析方法，分別以中國1998—2014年間的社會消費品零售總額和城鎮居民消費支出總額作為被解釋變量，對居民的收入總額和消費信貸的增加額作了迴歸分析，並依據分析結果，得出了中國消費信貸對居民的消費支出總額和社會消費品零售總額的影響很小且不顯著這一結論，並通過與消費信貸業務比較成熟的美國的比較，進一步證明了中國消費信貸擠出消費的客觀性及其嚴重程度。

第三部分是消費信貸對消費的擠出效應的形成機理。在對消費與儲蓄的關係以及消費信貸對儲蓄行為和儲蓄動機的影響作出分析的基礎上，本部分以消費信貸突破消費者流動性約束的不完全性和目標儲蓄理論作為切入點，通過分析消費者累積首付款和還本付息資金的行為，具體論述了消費信貸對消費的直接擠出效應的形成機理；在分析消費與投資的關係的基礎上，以消費和投資的替代關係作為切入點，具體分析了消費信貸增長對國內生產總值進而對消費者的收入變化所產生的影響，並依據收入與消費的關係，闡明了消費信貸對消費的間接擠出效應的形成機理。

第四部分是擠出效應的衡量。本部分在分析了各種衡量標準的缺陷，並論述了有效的衡量標準應具備的條件後，根據可控性和可測性以及與消費信貸調控目標的相關性的要求，把消除時間差異後被消費信貸實際擠出的消費額作為衡量擠出效應的標準，並據此推導出了直接擠出效應和間接擠出效應以及擠出效應總量的數學表達式。

第五部分是消費信貸對消費的擠出效應的影響因素分析。本部分根據消費信貸對消費的擠出效應總量的數學表達式，利用邊際分析方法和彈性分析方法從理論層面上分析了貸款額度、消費貸款占信貸消費品價款的比例、消費者實際累積首付款的期限、消費者消費計劃中用於購置信貸消費品的份額、消費者的消費傾向和收入水平、市場利率水平、貸款期限和貸款利率以及消費者收入水平占GDP的比例、信貸投資領域的資金利用效率等一系列因素對擠出效應總量的影響方向和影響程度，並結合現實層面的具體分析，得出了消費信貸規模、貸款利率水平、消費者收入水平占當年GDP的比重和信貸投資領域的資金利用效率等因素的變化對擠出效應總量的變化產生正向作用，而貸款額度占信貸消費品價款的比例、消費者實際累積首付款的期限、消費計劃中信貸消費品所占的份額、消費者的收入水平和消費傾向、消費信貸的期限、市場利率水平等因素

的變化對擠出效應總量的變化產生負向作用的結論，並根據分析結果明確指出：現階段影響擠出效應的關鍵因素是消費信貸的規模、消費者的消費計劃中信貸消費品所占的份額、消費信貸額度占信貸消費品價款的比例，以及用信貸方式實現消費目標的消費者的收入水平，其他因素對擠出效應的影響也不應忽視。

第六部分是擠出效應對消費信貸功能的影響。本部分分析了消費信貸功能的傳統定位的缺陷，論述了消費信貸功能的合理定位，即「適應經濟合理增長的需要，對消費進行有效的調節」，並認為消費信貸的功能目標應是「消費總量的合意增長及消費結構的優化」。在此基礎上，分析了擠出效應對實現消費信貸功能目標的正面影響和負面影響，並根據從前面的分析中得到的啟示，結合新常態下經濟發展和宏觀調控的客觀要求，對如何有效地遏制消費信貸對消費的擠出效應，進一步改善中國的消費信貸政策，合理發揮消費信貸對消費的刺激作用，有效迎合供給側改革的要求，提出了相應的策略，即：在現實經濟條件下，應在擴大消費信貸規模的同時，優化消費信貸的投向結構；應合理把握對信貸消費的政策誘導和宣傳的力度；應科學地確定消費信貸的期限，弱化因還本付息而產生的擠出效應；應合理確定貸款條件，以此引導消費者的消費傾向；應擴大消費信貸覆蓋率，提高信貸消費在消費總量中的比重；應立足於消費者的實際收入水平，科學確定消費貸款的額度；應高度關注消費信貸資金和投資信貸資金在各自運用領域的配置效率。

本書的主要貢獻在於：首次明確提出了消費信貸對消費的擠出效應，闡明了擠出效應的內涵，界定了擠出效應的外延，並在分析中國消費信貸擠出消費的現狀的基礎上，深入剖析了擠出效應的形成機理，論述了擠出效應的衡量標準，並從理論和現實兩個層面上分析了各因素對擠出效應總量的影響方向和影響程度，指出了現實經濟條件下調控擠出效應的關鍵所在，並依據新常態下經濟發展和宏觀調控的客觀要求，提出了合理發揮消費信貸功能的政策建議。

目 錄

0 引言
0.1 選題的意義和目的　　001
0.2 國內外研究現狀與文獻綜述　　004
　0.2.1 國外研究現狀與文獻綜述　　005
　0.2.2 國內研究現狀與文獻綜述　　007
　0.2.3 對研究現狀的評價　　009
0.3 本書的研究思路框架　　011
0.4 研究方法　　012
0.5 主要觀點與主要創新之處　　014
　0.5.1 主要觀點　　014
　0.5.2 主要創新之處　　015

1 中國消費信貸的發展狀況及其效應概述
1.1 消費信貸的內涵及外延界定　　016
　1.1.1 消費信貸的內涵　　016
　1.1.2 消費信貸的外延　　018
　1.1.3 本書的研究視角　　019
1.2 中國消費信貸的發展狀況　　021
　1.2.1 中國消費信貸的發展歷程　　021
　1.2.2 中國消費信貸業務的現狀及存在的問題　　025
1.3 中國消費信貸的效應概述　　026
　1.3.1 消費信貸對消費的兩種基本效應　　027
　1.3.2 消費信貸對消費的總體效應　　032

2 中國消費信貸擠出消費的現狀

- 2.1 分析的基本思路　　036
- 2.2 對擠出效應現狀的一般分析　　037
  - 2.2.1 從居民最終消費率的變化看擠出效應的現狀　　037
  - 2.2.2 從居民邊際消費傾向的變化看擠出效應的現狀　　041
  - 2.2.3 從消費對經濟增長的貢獻率和拉動作用看擠出效應的現狀　　044
  - 2.2.4 從消費信貸的結構看擠出效應的現狀　　049
  - 2.2.5 對一般分析的總結　　052
- 2.3 對擠出效應現狀的計量經濟分析　　053
  - 2.3.1 計量經濟分析的基本設想　　053
  - 2.3.2 具體分析　　056
  - 2.3.3 對計量經濟分析的總結　　058

3 擠出效應的形成機理

- 3.1 消費信貸對消費的直接擠出效應的形成機理　　060
  - 3.1.1 儲蓄與消費的關係　　061
  - 3.1.2 消費信貸對儲蓄行為和儲蓄動機的影響　　067
  - 3.1.3 消費信貸對消費的直接擠出效應的形成　　069
- 3.2 消費信貸對消費的間接擠出效應的形成機理　　070
  - 3.2.1 消費信貸與投資信貸之間的關係　　071
  - 3.2.2 消費信貸、投資信貸與居民收入之間的關係　　075
  - 3.2.3 消費信貸對消費的間接擠出效應的形成　　076

4 擠出效應的衡量

- 4.1 消費信貸對消費的擠出效應的衡量標準的選擇　　077
  - 4.1.1 衡量標準的多樣性及其缺陷　　078

         4.1.2　有效的衡量標準應具備的條件　　　　　　　　　079
         4.1.3　衡量標準的具體選擇　　　　　　　　　　　　080
    4.2　消費信貸對消費的直接擠出效應的衡量　　　　　　　　082
         4.2.1　分析的前提：基本假設及其依據　　　　　　　082
         4.2.2　具體的衡量方法　　　　　　　　　　　　　　085
    4.3　消費信貸對消費的間接擠出效應的衡量　　　　　　　　092
         4.3.1　分析的前提：基本假設及其依據　　　　　　　092
         4.3.2　具體的衡量方法　　　　　　　　　　　　　　093
    4.4　消費信貸對消費的擠出效應總量　　　　　　　　　　　097

5　影響擠出效應的因素分析

    5.1　分析內容的確定及分析方法的選擇　　　　　　　　　　099
         5.1.1　分析內容　　　　　　　　　　　　　　　　　100
         5.1.2　分析方法的選擇　　　　　　　　　　　　　　100
    5.2　理論層面的分析　　　　　　　　　　　　　　　　　　102
         5.2.1　消費信貸規模的變化對擠出效應的影響　　　　103
         5.2.2　貸款額度占信貸消費品價款的比例變化對擠出效應的影響
                                                          105
         5.2.3　消費者實際累積首付款的期限的變化對擠出效應的影響　106
         5.2.4　消費計劃中信貸消費品占消費品總量的份額變化對擠出效
               應的影響   109
         5.2.5　用信貸方式實現消費目標的消費者收入水平的變化對擠出
               效應的影響   110
         5.2.6　消費者的消費傾向的變化對擠出效應的影響　　112
         5.2.7　消費信貸的期限變化對擠出效應的影響　　　　114
         5.2.8　市場利率水平對擠出效應的影響　　　　　　　116
         5.2.9　貸款利率水平的變化對擠出效應的影響　　　　119

5.2.10　消費者收入水平占當年 GDP 的比重對擠出效應的影響
　　　　　　　121
　　　5.2.11　信貸投資領域資金利用效率對擠出效應的影響　122
　5.3　現實層面的分析　123
　　　5.3.1　影響擠出效應總量的各因素在現實中的具體表現　124
　　　5.3.2　各因素對擠出效應總量的具體影響　132

6　擠出效應對消費信貸功能的影響及經濟新常態下的合理選擇

　6.1　對消費信貸功能的認識　139
　　　6.1.1　對消費信貸功能的傳統認識　140
　　　6.1.2　對消費信貸功能的重新認識　141
　6.2　擠出效應對消費信貸功能的影響　143
　　　6.2.1　消費信貸的功能目標　144
　　　6.2.2　實現消費信貸功能目標的切入點　145
　　　6.2.3　擠出效應對消費總量和結構的調節功能　147
　6.3　經濟新常態背景下的合理選擇　148
　　　6.3.1　從前面的分析中得到的啟示　148
　　　6.3.2　經濟新常態及其對消費信貸的基本要求　153
　　　6.3.3　經濟新常態背景下合理發揮消費信貸效應的策略　157

參考文獻　165

後記　171

0 引言

0.1 選題的意義和目的

在長期的計劃經濟體制下，基於消費信用是對未來購買力的預支，易造成虛假的市場需求，並可能引發通貨膨脹這一片面認識，中國在不同時期都對消費信用實行較嚴格的限制，作爲消費信用的重要實現形式的銀行消費信貸業務因此而未能得到應有的發展。雖然在改革開放以後的 20 世紀 80 年代中期，就有部分專業銀行嘗試了消費信貸業務的「破冰之行」，但消費信貸業務真正得到發展則是在結束短缺經濟時代以後的 20 世紀 90 年代末期。當時面對東南亞金融危機給全球經濟造成的嚴重影響以及人民幣升值的壓力，擴大內需成爲中國政府發展經濟的重大戰略舉措，而消費作爲拉動經濟增長的「三駕馬車」之一，在擴大內需的過程中被寄予厚望。正是在這一背景下，消費信貸作爲改善居民消費環境，擴大即期消費需求的重大政策被即時提出，並在政府支持下得到快速發展。近二十年來，消費信貸在刺激消費、擴大內需，進而推動整個經濟增長以及提高金融機構自身的經濟效益等方面，所發揮的作用得到了廣泛的認可。

但是，消費信貸實際發揮的作用和應該發揮的作用之間有無偏差？偏差的程度又如何呢？事實上，近二十年來，與消費信貸的高速發展相

反，中國居民的消費率並未因此而提升，反而從1999年起逐年下降（截至2014年年末，居民的最終消費率已從1999年的46.00%下降到38.19%，其間的最低點出現在2010年，僅35.72%，也是歷史最低點）[1]；而與此同時，居民儲蓄率則居高不下，各項儲蓄存款增勢強勁，截至2015年年末，國內居民人民幣儲蓄額已高達546,076.85億元，是1999年的9.16倍，十六年間平均每年增長了14.85%[2]。根據這一現狀，可以初步推斷出，在現有約束條件下，消費信貸的作用在總體上並未得到充分發揮，其間有大量的「漏損」。而從結構上來看，消費信貸發揮的作用又如何呢？如果按照期限來分，消費信貸可分為中長期消費信貸和短期消費信貸。前者主要用於滿足居民對住房、汽車和教育等的需求；後者主要用於滿足居民對日常消費品和小型生活設施的需求。從目前銀行實際發放的消費貸款來看，中長期消費信貸佔了絕大比重。截至2015年年末，銀行的消費信貸總額為189,519.83億元，其中中長期消費信貸額為148,512.22億元，佔消費信貸總額的78.36%。[3] 受這一消費信貸結構的影響，一方面住房等大型消費品的需求過旺，導致價格非理性上升，形成了明顯的價格「泡沫」；另一方面，由於居民為獲取住房貸款等中長期消費信貸而累積首付款以及獲得信貸支持後償還貸款本息的壓力較大，導致居民對日常消費品的需求受到了很大的抑制，使消費信貸在刺激大型消費品需求和日常消費品需求方面的作用出現了明顯的不平衡。在刺激大型消費品需求方面出現了明顯的過剩，而在支持日常消費品需求方面出現了嚴重的不足。

由此可見，從總量上看，中國消費信貸在刺激消費方面所發揮的作用存在嚴重的「漏損」，而從結構上看，則作用的過剩和作用的不足同時存在。通常，消費信貸的用途非常明確，在使用方面一般不存在非消

---

[1] 數據根據《中國統計年鑒》（2000—2015）的數據計算得到。
[2] 數據來源於中國人民銀行《金融機構人民幣信貸收支表》（1999、2015）和《存款類金融機構人民幣信貸收支表》（2015）。
[3] 數據來源於中國人民銀行《金融機構人民幣信貸收支表》（2015）。

費領域這一「歧途」，因而在刺激消費方面的作用不應該有「漏損」。因此，要尋找「漏損」的途徑，還得從消費領域著手。由於中國消費信貸活動中，住房、汽車等消費信貸佔有絕大比重，該類貸款額度往往較大，且期限長、條件苛刻，消費者要獲得信貸支持通常需要累積較大額度的首付款，獲得貸款後又需要累積大量的資金用於償還貸款本息，在流動性約束下，消費者就不得不壓縮非信貸消費品需求，從而在中國現實經濟條件下，形成了信貸消費對非信貸消費的較明顯的擠出效應。這可用以解釋目前中國消費信貸在刺激消費總量和調節消費結構方面所存在的問題。

事實上，信貸消費對非信貸消費的擠出效應是客觀存在的，因為對於存在流動性約束的消費者而言，為滿足獲取消費信貸支持的條件，總得在非信貸消費需求方面作出一定的「讓步」。因此，在看到消費信貸對消費的刺激效應的同時，也不能忽略其對消費的擠出效應。實際上，這為宏觀經濟調控提供了一種手段。在不同的宏觀經濟形勢下，宏觀經濟調控的目標會隨之變化；相應的，消費在拉動經濟增長過程中所起的作用也應有所調整，這就要求在如何發揮消費信貸對消費的刺激效應和擠出效應問題上，作出正確的選擇和科學的把握。在經濟過熱，且消費對過熱經濟發揮的作用過於明顯時，應注重發揮其對消費的擠出效應，反之，則應合理使用其對消費的刺激效應；在經濟疲軟，且消費對經濟增長的拉動作用不足時，應在充分發揮消費信貸對消費的刺激效應的同時，遏制其擠出效應。

消費信貸對消費的最終效應是刺激效應和擠出效應綜合作用的結果，合理利用消費信貸對消費的刺激效應和擠出效應是正確發揮消費信貸對消費的調節作用的兩個方面，只要方法得當，利用消費信貸對消費的擠出效應，不但可以產生與利用消費信貸對消費的刺激效應殊途同歸的效果，而且在調節居民消費需求，進而有效調節經濟增長的過程中，還可以起到相互補充和相互配合的作用。目前，在對消費信貸效應問題的研究上，學者們注重的主要是消費信貸對消費的刺激效應，而消費信貸對消費的擠出效應尚未得到應有的重視。同時，消費信貸在調節消費

方面發揮作用的現實及其效果表明，只有充分重視並有效調控消費信貸對消費的擠出效應，才可以有效發揮消費信貸對消費進而對經濟增長的調節作用。目前，全球經濟正處於嚴重的不景氣狀態下，出口對中國經濟增長的拉動作用依然「疲軟」，內需仍將一如既往地擔當拉動經濟增長的「主力軍」，如何通過消費信貸來刺激消費，以此拉動內需增長，將繼續成爲理論界和實務界關注的熱點。在這種情況下，明確消費信貸對消費的刺激效應和擠出效應，尤其是擠出效應及其影響因素，對有效地發揮消費信貸的作用，無疑具有重要意義。因此，在現實經濟條件下，加強對消費信貸的消費擠出效應的研究，具有很強的理論意義和實踐指導意義。

要正確認識並有效調控消費信貸對消費的擠出效應，必須明確以下問題：①中國消費信貸的發展狀況；②中國現實經濟條件下，消費信貸對消費所產生的擠出效應的現狀；③消費信貸對消費的擠出效應的形成機理；④消費信貸對消費的擠出效應的衡量方法；⑤影響消費信貸對消費的擠出效應的因素及其影響方向和影響程度；⑥在經濟新常態下利用消費信貸調節消費進而調節經濟增長時，應如何使消費信貸對消費刺激效應和擠出效應協調配合。正是基於對這一系列問題的思考，筆者選定了這一研究論題，期待著通過對該論題的研究，表達對中國消費信貸效應的一些看法，並結合對中國經濟在新常態下的發展現狀的判斷和趨勢的預測，提出合理發揮消費信貸對中國經濟增長的調節作用的意見和建議。如果該論題的研究結果能具有些許的理論價值和實踐指導意義，並能在一定程度上填補目前研究的空白，那麼，筆者也算得償所願了。

0.2　國內外研究現狀與文獻綜述

在國外，消費信貸由來已久，而在國內，則起步較晚。無論是出於理論先行的要求，還是出於總結實踐經驗的需要，國內外學者在消費信

貸對消費的效應問題的研究上，都有一個共同的特點，那就是在確認理性預期—持久收入理論與現實不符的前提下展開分析。學者們通常認爲，理性預期—生命週期理論的主要缺陷是其假定消費者只關心未來不確定收入的平均值，忽略了未來收入波動而導致的預防性儲蓄行爲和即期消費的流動性約束。基於這樣的思考，學者們在研究消費信貸的效應問題時，主要把遏制預防性儲蓄行爲和突破流動性約束作爲切入點。

0.2.1 國外研究現狀與文獻綜述

在 Flavin（1981）[1]、Daly 和 Hadjimatheou（1981）[2]、Hall 和 Mishkin（1982）[3] 發現消費對可預期的收入變化反應過強，即存在「過度敏感性」（Excess Sensitivity），以及 Campell 和 Deaton（1989）[4] 發現消費對於未預期的收入變化反應過弱，即存在「過度平滑性」（Excess Smooth）的基礎上，Zelds 和 Stephen（1989）[5]、Carroll 和 Kimball（2001）[6] 的研究均表明，流動性約束會增強人們的預防性儲蓄動機。

在此基礎上，消費信貸作爲緩解居民流動性約束、遏制預防性儲蓄

---

[1] Flavin M. A. The Adjustment of Consumption to Changing Expectations about Future Income [J]. Journal of Political Economy, 1981, 89 (5): 974-1009.

[2] Vince Daly, George Hadjimatheou. Stochastic Implications of the Life Cycle - Permanent Income Hypothesis: Evidence for the U. K. Economy [J]. Journal of Political Economy, 1981 (3): 596-599.

[3] Hall R. E, Mishkin F. The Sensitivity of Consumption to Transitory Income: Estimate from Panel Date on Households [J]. Econometrics, 1982 (50): 461-481.

[4] Campell J, Deaton. Why Is Consumption So Smooth? [J]. Review of Economic Study, 1989 (3): 357-373.

[5] Zelds, Stephen. Consumption and Liquidity Constraint: An Empirical Investigation [J]. Journal of Political Economy, 1989 (2): 275-298.

[6] Carroll C., S. Kimball. Liquidity Constraints and Precautionary Saving [R]. NBER Working Papers, 2001: 1-21.

動機的有效方式，在刺激消費中的作用得到了學者們的充分肯定。例如，Cohrane（1991）[1] 認爲消費信貸可以發揮消費保險的作用。Japelli 等（1989）[2] 發現消費信貸與消費波動相關，而這種相關性主要源於流動性約束；Bacchetta 和 Gerlach（1997）[3] 發現預期的消費信貸增長與消費支出的增長之間呈正相關關係。Ludvigson（1999）[4] 設計了一個模型，在其中流動性約束隨著時間的變動而變動，並與家庭收入成正比，這一模型解釋了美國在放鬆對消費信貸市場管制之後的十年裡，即 20 世紀 80 年代消費大幅度增長的原因。James N. Morgan、M. H. David、W. J. Cohen 和 H. E. Brazer（1962）[5] 提出了消費決策影響收入理論。該理論認爲，消費決策可以影響收入，因爲消費信貸和抵押信貸的發展，可以使人們在沒有現期收入和收入不足時，以信貸方式進行消費。這種觀點表明，只要有一個相對發達的信貸制度，不管人們現期收入水平有多高，一旦作出了消費決策，人們就會去實現消費目標，從而增加消費。也就是說，消費信貸可以刺激消費。自 20 世紀 90 年代以來，這種理論得到了很多美國經濟學家的認可，他們都認爲美國經濟的持續增長受到了個人消費的有力支撐，而支持消費增長的一個重要基礎就是消費信貸。與此同時，美林公司一項統計數據也強有力地支持了這一論斷。該項統計表明，在 1997—1998 年財政年度中，道·瓊斯指數提高了 20.7%，納斯達克指數提高了 30.1%。同時，美國居民的財產由於股價

---

[1] Cohrane, John H. A Simple Test of Insurance [J]. Journal of Political Economy, 1999 (5): 957-976.

[2] Tullio Jappelli, Marco Pagano. Consumption and Capital Imperfections: An International Comparison [J]. The American Economic Review, 1989: 1088-1105.

[3] Philippe Bacchetta, Stefan Gerlach. Consumption and Credit Constraints: International Evidence [J]. Journal of Monetary Economics, 1997 (40): 207-238.

[4] Sydney Ludvigson. Consumption and Credit: A Model of Time-Varying Liquidity Constraints [J]. The Review of Economics and Statistics, 1999, 81 (3): 434-447.

[5] James N. Morgan, M. H. David, W. J. Cohen, H. E. Brazer. Income and Welfare in the United States [M]. New York: Mc Graw Hill, 1962.

上漲而增加了 3.1 萬億美元，如果按平均的財富效應 3% 計算，美國居民在這一財政年度內的消費就上升了 900 億美元。由此可見，憑藉消費信貸的普及和股市上漲帶來的名義收入的增長，美國經濟進入了借債消費、借債炒股和借債繁榮的循環之中。[①] 從中，我們可以看出消費信貸在刺激消費需求、拉動經濟增長方面的作用。此外，美國芝加哥大學統計學博士王徵宇在首創網路有限公司舉辦的「WTO 與中國消費信貸」專題研討會上接受採訪時指出：「啟動信用消費能夠創造新的消費熱點，信用消費本身是一種有效刺激消費的機制。」[②] 此外，還有其他一些學者，如 Muellbauer 和 Jhon（1983）[③] 等也提出了相關的觀點，在此不再一一細述。

0.2.2 國內研究現狀與文獻綜述

國內學者的研究思路與國外學者大致相似。萬廣華、張茵、牛建高（2001）[④] 運用中國 1961—1988 年的數據對理性預期消費函數進行了實證檢驗，得出了「流動性約束和不確定性及其相互作用是造成中國居民消費增長緩慢和內需不足的主要原因」的結論。臧旭恒等（2004）[⑤] 的研究表明，改革開放以來，中國居民的消費行為受到了強烈的預防性儲

[①] 陸群. 從美元經濟到美股經濟的命運 [N]. 互聯網周刊, 2001-04-06.
[②] 張其佐. 發展消費信貸刺激國內需求 [N]. 光明日報, 1999-05-14.
[③] Muellbauer, Jhon. Surprises in the Consumption Function [J]. Economic Journal, 1983 (1): 34-50.
[④] 萬廣華, 張茵, 牛建高. 流動性約束、不確定性與中國居民消費 [J]. 經濟研究, 2001 (11).
[⑤] 臧旭恒, 裴春霞. 預防性儲蓄、流動性約束與中國居民消費計量經濟分析 [J]. 經濟學動態, 2004 (12).

蓄動機的遏制。申樸等（2003）[①]的研究表明，中國城鎮居民在面臨較強的不確定性和流動性約束的情況下，會減少當前消費，增加儲蓄，平均消費傾向會顯著下降。杭斌等（2001）[②]根據北京市城鎮居民的月度資料，對流動性約束和該市城鎮居民消費的關係進行了實證研究，結果表明，流動性約束對北京市城鎮居民的消費行爲的影響作用明顯。

鑒於流動性約束和預防性儲蓄行爲對即期消費造成的明顯的遏制效應，消費信貸作爲緩解流動性約束和遏制預防性儲蓄行爲的有效手段，其對消費的刺激效應同樣受到了國內學者們的高度重視。吳晶妹（2003）[③]利用美國1960—2000年的數據，證明了「消費者信用對GDP（國內生產總值，下同）的拉動作用最強，非金融企業信用對GDP的拉動作用最弱」的結論。根據這一研究結論，消費者信用每增長1億美元，平均能拉動GDP增長5,796萬美元。胡春燕、岳中剛（2007）[④]採用Grange因果關係檢驗和誤差修正模型對銀行卡消費和社會消費品零售總額、GDP之間的關係及影響程度進行了實證分析，得出了「銀行卡消費已同中國經濟增長建立了長期穩定的正向關係」的結論。趙霞、劉彥平（2006）[⑤]利用1978—2004年城鎮居民人均消費支出和人均可支配收入數據，對中國居民消費和流動性約束之間的關係進行了實證研究。數據分析結果表明，中國居民受流動性約束的程度明顯偏高，但自從1999年中國大力開展消費信貸業務以來，消費信貸的發展在一定程度上緩解了流動性約束的程度，促進了中國居民消費增長率的提高。此外，中國社會科學院經濟研究所宏觀課題組的專家（1998）[⑥]曾指出：

[①] 申樸，劉康兵. 中國城鎮居民消費行爲過度敏感性的經驗分析：兼論不確定性、流動性約束與利率 [J]. 世界經濟，2003 (1).

[②] 杭斌，王永亮. 流動性約束和居民消費 [J]. 數量經濟技術經濟研究，2001 (1).

[③] 吳晶妹. 信用活動對經濟增長的長期效應 [J]. 成人高教學刊，2003 (3).

[④] 胡春燕，岳中剛. 中國銀行卡消費與經濟增長經驗分析 [J]. 經濟經緯，2007 (5).

[⑤] 趙霞，劉彥平. 居民消費、流動性約束和居民個人消費信貸的實證研究 [J]. 財貿經濟，2006 (11).

[⑥] 吳雅麗. 發展個人消費信貸 [N]. 光明日報，1998-07-29.

「發展消費信貸能有效刺激消費，啓動市場。」林毅夫（2003）[①] 認爲，鼓勵銀行開辦消費信貸業務，以刺激消費需求的措施已取得良好的成效，在消費信貸迅速發展的同時，國民經濟在 1998—2002 年間維持了年均 7.7% 的增長速度。張其佐（1999）[②] 認爲：「從社會生產的週期來看，只有消費需求才是經濟增長的真正的和持久的拉動力量，而要擴大消費需求就必須通過消費信用來支持需求擴張；市場經濟不僅生產和交換活動需要信用支持，而且消費活動也需要有信用支持。因此，大力發展消費信貸，對於擴大國內需求有重要的戰略意義。」

0.2.3　對研究現狀的評價

總的說來，國內外學者對消費信貸效應問題的研究，主要著眼於其正面效應，而對於其負面效應則鮮有涉及。迄今爲止，僅有少數學者對消費信貸的正面效應提出了一些質疑，例如 Pereira（2008）[③] 認爲在一個經濟中企業信貸約束和消費者信貸約束同時存在的情況下，解除消費信貸約束並不能像解除企業信貸約束一樣有利於經濟增長，並以消費信貸的增長導致信貸資金從效率較高的生產部門轉移到效率較低的消費部門爲由，對這一結論作瞭解釋。王東京、李莉（2004）[④] 的研究發現，消費信貸從長期來看，不能拉動消費；從短期來看，雖然能拉動消費，卻不能拉動社會總需求。蔡浩儀、徐忠（2005）[⑤] 的研究表明，在通貨緊縮、消費需求不足的情況下，消費信貸是鼓勵提前消費、增加有效需

[①]　林毅夫. 發展消費信貸拉動內需增長 [N]. 人民日報，2003-06-17.
[②]　張其佐. 發展消費信貸刺激國內需求 [N]. 光明日報，1999-05-14.
[③]　Maria da Conceicao Costa Pereira. The Effects of Households' and Firms' Borrowing Constraints on Economic Growth [J]. Portuguese Economic Journal，2008（7）：1-16.
[④]　王東京，李莉. 論消費信貸與國內需求 [J]. 財貿經濟，2004（4）.
[⑤]　蔡浩儀，徐忠. 消費信貸、信用分配與中國經濟發展 [J]. 金融研究，2005（9）.

求的一個途徑，但消費信貸對經濟發展的促進作用更取決於信用資源的有效配置，如果消費信貸的增長以降低儲蓄率、壓抑中小企業的資金需求爲代價，消費信貸對經濟增長的積極作用就可能被抵消。他們認爲，由於消費信貸鼓勵提前消費，並伴有一定額度的首付款，只要整個經濟中存在資金短缺，通過消費信貸方式將一部分資金分配到經濟中的特定部門，這個經濟中總體資金滿足程度就可能會下降，從而對其他部門而言存在「擠出」效應。事實上，這些研究已經在一定程度上或明或暗地提出了消費信貸的擠出效應。但是，這種擠出效應具體表現爲因消費信貸增長而導致的消費對生產的擠出以及生產部門內部消費品生產部門對非消費品生產部門的擠出，而非消費信貸對消費的擠出。因此，在消費信貸對消費的擠出效應問題的研究上，依然近乎空白。

雖然葉岳良（1999）[①] 提到了消費信貸擠出消費的問題，並從授信基礎薄弱、自籌資金比例高和信貸期限短，以及信貸條件苛刻等方面對擠出效應的形成原因作了初步解釋，但其研究還只是停留在表面上，缺少理論支撐，對擠出效應的表現形式、形成機理和影響因素及影響程度等內容亦未作絲毫分析。吳龍龍（2010）[②] 雖然對擠出效應的形成機理、衡量方法、影響因素等作了初步的分析，但這些分析都只是點到爲止，缺少應有的深度。在研究的內容上，僅限於消費信貸對消費的直接擠出效應，未涉及間接擠出效應；在研究方法上，僅限於理論分析，缺少實證研究。尤其是對擠出效應與消費信貸功能之間的關係這一重要問題，未作深入分析，以致在消費信貸對消費的擠出效應這一問題上，依然留下了很大的研究空間。

---

① 葉岳良. 消費信貸能啓動消費市場嗎？[J]. 財經理論與實踐, 1999 (5).
② 吳龍龍. 消費信貸的消費擠出效應解析 [J]. 消費經濟, 2010 (1).

0.3 本書的研究思路框架

鑒於上述研究現狀，本書試圖結合中國的實際，在對中國消費信貸的發展現狀及其基本效應做出概述，並在具體分析中國現階段消費信貸擠出消費的現狀的基礎上，深入研究直接擠出效應和間接擠出效應的形成機理、衡量方法、影響因素及其影響方向和影響程度，得出相應的結論和啟示，並結合中國宏觀經濟發展的現狀和趨勢，對如何利用消費信貸調控消費進而調控經濟增長的問題提出相應的政策建議。全文擬分以下六個部分：

第一部分，中國消費信貸的發展現狀及其效應概述。這部分在根據中國的具體情況對消費信貸的內涵和外延做出合理界定的基礎上，簡要分析中國消費信貸的發展狀況及存在的問題，並在對消費信貸的效應做出初步的闡述和評價的基礎上，重點闡述消費信貸的消費擠出效應的概念、客觀性和可控性。

第二部分，中國消費信貸擠出消費的現狀分析。這部分以消費者的最終消費率、消費者的邊際消費傾向、消費需求對經濟增長的貢獻率和拉動作用的變化，以及消費信貸結構對擠出效應的影響作為分析的切入點，對中國消費信貸擠出消費的現狀作出一般分析的基礎上，利用簡單的計量模型分析消費信貸對中國居民消費支出和社會消費品零售總額的影響，得出相關分析結論，並將分析結果與消費信貸業務比較成熟的國家進行對比，以此說明中國消費信貸擠出消費的客觀性及其嚴重程度。

第三部分，消費信貸對消費的擠出效應的形成機理。這部分分別論述消費信貸對消費的直接擠出效應和間接擠出效應。以消費信貸突破消費者流動性約束的不完全性和目標儲蓄理論作為切入點，具體論述直接擠出效應的形成機理；以消費和投資的替代關係作為切入點，具體分析消費信貸增長對GDP（國內生產總值）增長進而對消費者收入的影響，

再進一步根據收入與消費的關係，說明消費信貸對消費的間接擠出效應的形成機理。

第四部分，消費信貸對消費的擠出效應的衡量。本部分根據可控性、可測性以及與消費信貸調控目標的相關性的要求，選擇消除時間差異後被消費信貸實際擠出的消費額作爲消費信貸對消費的擠出效應的衡量標準，並據此推導出直接擠出效應和間接擠出效應以及擠出效應總量的數學表達式。

第五部分，消費信貸對消費的擠出效應的影響因素分析。本部分根據消費信貸對消費的擠出效應總量的數學表達式，利用邊際分析法和彈性分析法，從理論層面上分析各相關因素對擠出效應總量的影響方向和影響程度，並結合現階段中國經濟運行及消費信貸相關政策變量的具體情況，在現實層面上對各因素影響擠出效應總量的方向和程度作具體分析。

第六部分，消費信貸的消費擠出效應對消費信貸功能的影響分析。本部分從論述消費信貸的基本功能入手，分析消費信貸的功能目標，並探討消費信貸的消費擠出效應對實現消費信貸功能目標的正面影響和負面影響，在此基礎上，根據從前面的分析中得到的啟示，結合新常態下經濟發展和宏觀調控的客觀要求，針對如何有效地遏制消費信貸對消費的擠出效應、進一步改善中國的消費信貸政策、合理發揮消費信貸對消費的刺激作用、有效迎合供給側改革的要求等一系列問題提出相應的策略。

0.4　研究方法

理論研究的內容切忌片面，理論研究的方法貴在創新。本書在研究過程中，將力求體現這兩點要求。

本書的研究涉及金融學、消費經濟學和心理學等學科的內容，在研究過程中，筆者將綜合運用多學科的理論和方法，力求做到多學科內容

的有機結合和融會貫通。

任何一種經濟活動，在實施前或實施後，既需要有相應的理論指導或總結，也需要有相應的實踐探索或驗證。離開理論指導的實踐是盲目的，沒有實踐檢驗的理論是空洞的。因此，在研究過程中，做到理論分析與實證研究相結合，應是必然要求。在對消費信貸的消費擠出效應的形成機理、衡量方法、影響因素以及擠出效應對消費信貸功能發揮的影響等內容的研究上，擬以理論分析爲主，具體採用邏輯推理、數學分析、關聯性判斷等方法，同時以實際數據和資料爲研究結論提供佐證；在研究中國消費信貸對消費的擠出效應的現狀和程度時，擬在相關理論指導下，以實證研究爲主，主要以事實和數據來說明問題。

消費信貸對消費的擠出效應是客觀存在的，只是在不同的國家和地區其程度不同而已。因此，要正確認識中國消費信貸對消費的擠出效應的現狀，比較分析法是一種必不可少的研究方法。在分析消費信貸對消費的擠出效應的現狀和程度時，筆者將把中國消費信貸運行過程中的實際情況，與消費信貸規模較大、成熟度較高、覆蓋面較廣的美國的實際情況作比較，以便結合中國的實際情況對中國消費信貸擠出消費的現狀和程度做出客觀的分析和評價。

任何經濟現象都是質和量的統一，其中質用於描述經濟現象的性質特徵，量用以描述經濟現象的規模、速度、程度等數量特徵，只有從質和量統一的角度來研究經濟現象，才能得出正確的結論。因此，對消費信貸的消費擠出效應的研究，也必須從質和量兩個方面進行，做到定性分析與定量分析相結合。定性分析的側重點在於中國消費信貸的內涵和外延、消費信貸對消費的擠出效應的基本含義及特徵、消費信貸對消費的擠出效應的形成機理，以及擠出效應對消費信貸功能發揮的影響（包括正面影響和負面影響）等；定量分析的側重點在於中國消費信貸對消費的擠出效應的現狀及程度、擠出效應的衡量方法、各構成因素對擠出效應的影響方向和影響程度等。對此，本書擬通過對相關統計數據的研究，運用統計技術和計量模型以及邊際分析和彈性分析方法，並結合運用對比分析方法，使對問題的分析具體化和精細化。

0.5 主要觀點與主要創新之處

0.5.1 主要觀點

觀點之一：消費信貸對消費有兩種基本效應，分別是刺激效應和擠出效應，消費信貸對消費的最終效應是這兩種方向相反的效應綜合作用的結果。

觀點之二：消費信貸對消費的擠出效應有直接擠出效應和間接擠出效應兩種表現形式。

觀點之三：消費信貸對消費的刺激作用是以突破消費者的流動性約束，進而削弱消費者的預防性儲蓄動機而實現的。但消費信貸只能部分突破，而無法完全突破消費者的流動性約束，在削弱消費者的預防性儲蓄動機的同時，會強化其目標儲蓄動機，因而會對非信貸消費產生直接的擠出效應。

觀點之四：消費信貸會在一定程度上替代投資信貸，投資信貸的減少會壓縮投資規模，投資規模縮小會削弱消費者收入的增長後勁，在既定的消費傾向下，使消費減少，從而間接地擠出消費。

觀點之五：剔除時間差異後，被消費信貸實際擠出的消費額，可用以衡量消費信貸對消費的擠出效應的大小，這一衡量標準具有可控性、可測性以及與消費信貸調控目標的相關性特徵。

觀點之六：消費信貸對消費的擠出效應是客觀存在的，只是在不同的時間和空間中，程度不同而已。通常，消費信貸對消費的擠出效應的大小受制於消費信貸額度、消費信貸額度占信貸消費品價款的比例、消費者實際累積首付款的期限、消費計劃中用於購置信貸消費品的份額、消費者的消費傾向和收入水平、市場利率水平、貸款期限和貸款利率等

一系列因素，一般說來，這些因素是宏觀調控的政策基調、消費信貸市場的成熟程度和消費者心理成熟程度的反應。

觀點之七：消費信貸不是單純刺激消費的手段，而是調節消費的手段。在調節消費的過程中，應根據宏觀調控的目標，組合發揮消費信貸對消費的刺激效應和擠出效應，做到兩種效應的協調配合，在調節消費總量的同時，優化消費結構。這是有效發揮消費信貸功能的必要舉措。

0.5.2 主要創新之處

創新之一：研究的內容具有前沿性。本書是在消費作為拉動經濟增長的「三駕馬車」之一，在擴大內需的過程中被寄予厚望的宏觀背景下展開研究的，首次明確提出了消費信貸對消費的擠出效應，並對其作了比較深入和系統的分析研究。

創新之二：在合理的假設前提下，利用複利計算原理，推導出了消費信貸對消費的擠出效應的數學表達式，為衡量擠出效應的大小並測度消費信貸對消費的總效應提供了依據。

創新之三：立足於中國的實際情況，利用邊際分析方法和彈性分析方法，對消費信貸額度、貸款比例、消費者實際累積首付款的期限、消費計劃中信貸消費品占消費品總量的份額、消費者的消費傾向、用信貸方式實現消費目標的消費者的收入水平、市場利率水平、貸款期限和貸款利率等一系列因素影響擠出效應的方向和程度作了具體分析，並結合現實經濟條件，闡明了這些因素的變化在發揮消費信貸功能的過程中所起的作用。

創新之四：提出並論證了消費信貸的功能是調節消費，而非單純地刺激消費的觀點，並結合宏觀經濟發展的現狀和趨勢，論述了消費信貸對消費的擠出效應在發揮消費信貸功能的過程中所起的作用，為在實施消費信貸政策的過程中，合理組合其對消費的刺激效應和擠出效應，提供了理論指導。

1 中國消費信貸的發展狀況及其效應概述

要正確認識消費信貸的效應，尤其是對消費的擠出效應，首先就要正確認識消費信貸的內涵並合理界定其外延。只有這樣，才能在既定的研究口徑下，根據消費信貸的發展歷程及發展現狀，對其消費擠出效應做出正確的認識和客觀的評價。因此，本部分試圖在根據中國的實際情況對消費信貸的內涵和外延做出正確界定的前提下，分析中國消費信貸的發展狀況，在此基礎上，對中國消費信貸的兩種基本效應做出初步的分析。

1.1 消費信貸的內涵及外延界定

1.1.1 消費信貸的內涵

要正確理解消費信貸，必須正確理解消費信用，理解消費信用與消費信貸之間的區別和聯繫。很多教科書把消費信用看作與銀行信用、國家信用、商業信用等信用方式相並列的信用形式，對此，筆者不敢苟同。消費信用是金融機構、企業等信用提供者以生活資料爲對象向消費者提供的信用。因此，從信用提供者的角度來看，消費信用可以以銀行

信用、商業信用甚至民間信用的方式提供。換句話說，消費信用只是銀行信用、商業信用乃至民間信用的具體內容之一。如果消費信用以商業信用的方式由企業提供，則具體表現爲消費品的賒銷或分期付款；如果消費信用以民間信用的方式由居民提供，則具體表現爲生活用品的借用或民間自由借貸；如果消費信用以銀行信用的方式由商業銀行或其他金融機構提供，則表現爲消費信貸，具體表現爲貸款和信用卡透支兩種形式。

據此，我們可以對消費信貸下這樣的定義：消費信貸是商業銀行或其他金融機構，以貸款或信用卡透支方式，向消費者個人或家庭提供的、用以滿足消費需求的信用。從消費信貸的這一定義中可以看出，消費信貸具有以下內涵：

（1）消費信貸的提供者是商業銀行或其他金融機構。除了商業銀行或其他金融機構以外，由其他任何經濟主體以任何形式爲消費者提供的信用，均不屬於消費信貸的範疇。特別需要指出的是，民間的資金借貸，儘管多以貸款的方式出現，但因其提供者不屬於商業銀行或其他金融機構，因而不屬於本書所要研究的消費信貸的範圍。

（2）消費信貸的具體表現形式是貸款或信用卡透支。這意味著以消費品賒銷或分期付款方式，以及以高檔耐用消費品租賃或民間消費品直接借貸方式出現的消費信用，均不在消費信貸的範圍之內。

（3）消費信貸的對象是消費者個人或家庭。除此之外，對其他任何經濟組織提供的任何形式的信貸支持（包括單位信用卡透支），均不應被納入消費信貸的範疇。

（4）銀行和其他金融機構提供消費信貸的目的是滿足消費者個人或家庭的消費需求。消費者個人或家庭申請信貸支持的目的有多種，具體包括消費（衣、食、住、行等）、經營、投資乃至投機等，只有其中用以滿足消費需求的部分，才屬於消費信貸。因此，在對消費信貸作統計時，必須正確區分消費者個人或家庭的不同借款目的，剔除其貸款中用以滿足經營、投資乃至投機需求的部分。只有這樣，才能正確判斷消費信貸的規模和結構，在此基礎上得出的分析結論才具有客觀性。

（5）消費信貸是消費信用的一種具體表現形式，兩者之間有著緊密的聯繫，同時又有著嚴格的區別。雖然兩者的對象都是消費者個人或家庭，提供者的目的都是滿足消費者個人或家庭的消費需求，但消費信用在信用的提供者、信用的方式等方面，相對於消費信貸而言，有著更為寬泛的範圍。

1.1.2 消費信貸的外延

內涵是反應事物內在特徵的屬性，表明構成該事物的必不可少的部分；外延是說明事物的具體表現形式的屬性，是對事物範圍的界定。內涵是外延的根據，外延是內涵的具體表現。就提供方式而言，消費信貸有商業銀行或其他金融機構對個人或家庭提供的貸款和信用卡透支兩種具體表現。但是，個人或家庭貸款的用途有多種，包括購買消費品、用於經營活動或投資乃至投機活動，等等。因此，單純以個人或家庭貸款以及信用卡透支這兩種金融活動方式來界定消費信貸的外延，顯然是不科學的，這就要求在正確分析商業銀行或其他金融機構為個人或家庭提供的貸款的具體用途的基礎上，從中「提煉」出屬於消費信貸的成分，以此來界定消費信貸的外延。顯然，用於購買消費品以及用於滿足旅遊、休閒和個人的交通設施等方面需求的貸款，無疑應歸入消費信貸的範疇，用於滿足經營活動或投資乃至投機活動等需求的貸款，應排除在消費信貸之外。但是，按照這一標準來界定消費信貸的外延時，難以迴避的一個問題是：目前在商業銀行對消費者個人或家庭提供的貸款中佔有絕大比重的、用以滿足消費者購房需求的貸款能否納入消費信貸的範圍？換句話說，購房支出算不算消費？對這一問題的困惑源於住房是很特殊的商品，不但具有使用價值，而且同時也具有投資價值。

聯合國於1993年制定的《國民經濟核算體系》規定：「包括用作住戶主要住所的船舶、駁船、活動房屋和大篷車在內的一切住宅，以及汽車庫等任何與住宅有關的構築物都是固定資產。自有住房者作為從事

他們自己最終消費的住房服務生產企業的企業主處理，所以住房不是耐用消費品。」因此，儘管大部分購房者買房的初衷是爲了消費，但從國民經濟核算的角度看，購房者的買房行爲在本質上表現爲將自己的流動資產轉化爲固定資產，因而購買商品房屬於投資範疇，而不屬於消費行爲。

但是，如果按照這一邏輯，單純地把居民的購房支出排除在消費支出之外，並據以把住房按揭貸款排除在消費信貸之外，則難免有失偏頗。畢竟，住房投資與將暫時閒置不用的資金進行保值、增值的證券、期貨、黃金等投資行爲不同，除了少數購房者出於投機心理以外，對於絕大多數購房者來說，住房是作爲生活必需品來購置的。

可見，從本質上看，購房行爲屬於投資行爲，相應地，購房貸款屬於投資信貸範疇；從形式上看，購房行爲屬於消費行爲，相應地，購房貸款屬於消費信貸範疇。在這種情況下，如何來正確界定消費信貸的外延的問題，就演變成了是依據「血統」還是依據「長相」來界定購房貸款「身分」的問題。對此，筆者認爲，只有立足於中國的實際情況，才能對這一問題做出正確的回答。事實上，對這一問題的回答，就是對本書研究視角的確定。

1.1.3　本書的研究視角

確定本書的研究視角，實際上就是要確定消費信貸的外延，其關鍵是要界定住房貸款的「身分」。對於這一問題，筆者認爲，無論從消費信貸的內涵、中國居民消費的結構和商業銀行消費信貸業務的現狀，還是從居民消費支出的統計口徑來看，都應將住房貸款歸入消費信貸的範疇。

首先，從住房信貸的內涵來看，購房貸款的提供者是商業銀行，信用支持的形式是貸款，貸款的對象是消費者個人或家庭，貸款的用途是滿足家庭的消費需求（因爲對於絕大部分購房者而言，住房是作爲生活

必需品購置的）。這表明，購房貸款基本符合消費信貸的內在本質特徵。運用消費信貸購買的物品，除了國民經濟核算體系中界定的消費品外，還應包括住房購買支出（林曉楠，2006）。①

其次，從中國居民消費的結構和商業銀行消費信貸業務的現狀來看，目前中國正處於居民消費結構升級階段，居民的消費行為已經開始從傳統的以「衣」和「食」為主，進入以「住」和「行」為主要內容的萬元級、十萬元級，乃至幾十萬元級抑或上百萬元級的消費階段，住房消費面和汽車消費面的逐步擴大是這一階段的基本消費特徵。與這一階段的消費特徵相適應，中國商業銀行向個人或家庭提供的用於滿足消費需求的貸款中，住房貸款所占的比重高達80%以上，汽車貸款所占的比重也很可觀。因此，雖然從國民經濟核算的角度看，購房貸款用於支持的是居民購買住房，其刺激的對象是投資，而不是消費，但是，考慮到中國的實際情況，將其歸入消費信貸範疇應是更為合理的。

最後，居民消費支出是指城鄉居民個人和家庭用於生活消費以及集體用於個人消費的全部支出，包括購買商品支出以及享受文化服務和生活服務等非商品支出。從國家統計局歷年公布的統計數據來看，居民消費支出的統計口徑包括：食品類支出、衣著類支出、居住類支出、家庭設施和用品及服務類支出、醫療保健類支出、交通和通信類支出、文教娛樂用品及服務類支出、金融服務消費支出、保險服務消費支出和其他支出等十項。從中可以看出，購房支出作為居住類支出的組成部分，是被納入居民消費支出的統計範圍的。在這種情況下，把購房支出看作居民的消費支出，把購房貸款定位成消費信貸，有其客觀必要性。這樣做有助於與居民消費支出的統計口徑保持一致，使分析結論更為可靠。

基於上述分析，本書將把住房貸款以及具有類似性質的教育貸款和汽車貸款等，統一納入消費信貸的範圍（這與中國人民銀行和國家統計局的統計口徑一致）來展開研究。

在明確住房貸款的定位以後，還有一個問題需要交代清楚，那就是

---

① 林曉楠. 消費信貸對消費需求的影響效應分析 [J]. 財貿經濟, 2006 (11).

筆者在研究過程中，如何看待信用卡透支。由於信用卡透支這一消費信貸形式的特殊性（無首付、主動權在持卡人手中、形式上表現爲一種特殊的分期付款消費方式），並考慮到額度較小、期限較短（一般爲20~50天），且沒有公開發布的統計數據，因而在本書的研究中，對於這一特殊的消費信貸方式對消費所產生的影響（刺激效應和擠出效應）將不單獨考慮。

1.2 中國消費信貸的發展狀況

對任何經濟問題的分析，都應立足於特定的經濟環境。對消費信貸的消費擠出效應的分析，也同樣如此。要正確認識消費信貸對消費的擠出效應，必須先正確認識中國消費信貸的發展狀況，而對中國消費信貸的發展狀況的認識至少包括發展歷程和發展現狀兩個方面。

1.2.1 中國消費信貸的發展歷程

在計劃經濟體制下，消費信貸基本上沒有生存的「土壤」，因此，分析中國消費信貸的發展歷程，只能從改革開放以後開始。改革開放使中國從高度集中的計劃經濟體制逐步過渡爲有計劃的商品經濟體制，並在明確處於社會主義初級階段這一歷史定位的基礎上，進一步確立了建立社會主義市場經濟體制的基本思路，並借助於一系列改革措施的推動，使這一經濟體制逐步趨向完善。在這一偉大的變革過程中，消費信貸的發展機遇日益增加，發展空間逐步擴大。總的說來，中國消費信貸的發展，可以分爲以下三個階段：

（1）萌芽階段（1984—1994年）

中國消費信貸業務的產生可追索至20世紀80年代中期，當時一些

專業銀行率先在部分大中城市開辦了個人住房貸款業務。但由於受經濟發展水平、金融體制以及消費觀念等多種因素的影響，消費信貸發展非常緩慢（程建勝，劉向耘，2003）[1]。總的說來，在這一階段，消費信貸業務受到嚴格限制，在一定程度上可以說是銀行的一項難以見「陽光」的業務。由於在這一階段，中國還處於短缺經濟階段，且一直處在嚴重的通貨膨脹壓力之下，遏制需求的過快增長一直是這一階段宏觀調控的主基調。在這種情況下，消費信貸不可能公開登上金融服務的舞臺，更不可能扮演重要「角色」。因此，雖然在1992年已經明確了建立社會主義市場經濟體制這一基本改革方向，但功能發揮與這一改革方向的要求相一致的消費信貸，卻一直處於壓制狀態，規模極爲有限，且常常以「半地下」的方式發揮著自身的功能。這一時期消費信貸表現形式主要有三種：一是城鎮個體工商戶和農村的專業戶、承包戶以及重點戶，通過少量地挪用生產經營貸款的方式，在一定程度上「變相」地獲得消費信貸支持；二是極少數銀行信用卡的持有人通過在有限的授信額度內透支的方式，獲得有限的消費信貸支持；三是專業銀行開辦的數量極其有限的消費性貸款。

（2）開拓階段（1995—1997年）

在這一階段，四大國有銀行的商業銀行定位已經明確，實行業務多元化已成爲各級銀行管理者的基本共識。同時，隨著《中華人民共和國商業銀行法》《中華人民共和國擔保法》和《貸款通則》的實施，開展消費信貸業務的制度障礙逐步被清除。在這種情況下，以中國人民銀行在1995年1月頒布《個人定期儲蓄存款存單小額抵押貸款辦法》，允許商業銀行接受定期儲蓄存款存單爲質物，發放小額質押貸款爲標志，中國商業銀行的消費信貸業務進入了開拓階段。其後，中國人民銀行又於1995年7月頒布了《商業銀行自營住房貸款管理暫行規定》，從政策上開了允許商業銀行對個人發放住房貸款的先河。以這兩項政策的實施爲契機，中國商業銀行的消費信貸業務真正地開始了艱難的「破冰」之行。但是，

---

[1] 程建勝，劉向耘. 發展消費信貸促進經濟增長 [J]. 經濟學動態，2003（8）.

由於制度的「慣性」，加之人們信貸消費觀念的樹立需要一個過程，雖然已經有了相應的政策依據，這一階段消費信貸業務的發展依然極其緩慢，截至 1997 年年底，全國商業銀行消費信貸餘額僅爲 172 億元。[①]

（3）起步階段（1998 年 1 月至 1998 年 12 月）

在這一階段，中國已經基本告別短缺經濟時代。由於受東南亞金融危機的影響，國外需求下降，加之中國政府出於對國際形象和在國際事務中所承擔的責任的考慮，承諾人民幣不貶值，導致出口對國內經濟增長的拉動作用明顯削弱，中國政府通過擴大內需拉動經濟增長的政策意向日益明顯，這爲消費信貸業務的發展提供了前所未有的機遇。在這種情況下，中國人民銀行先後於 1998 年 4 月、5 月和 9 月發布了《關於加大住房信貸投入，支持住房建設與消費的通知》《個人住房貸款管理辦法》和《汽車消費貸款管理辦法》，爲中國消費信貸業務的起步提供了比較充分的政策依據。這些政策的基本精神是：鼓勵商業銀行發放住房開發與消費貸款；在指導商業銀行加強信貸風險管理的同時，鼓勵商業銀行大力發展個人住房貸款；允許工、農、中、建四家國有商業銀行進行汽車消費貸款試點。在這一系列政策指導下，這一年中國商業銀行的消費信貸業務有了明顯的發展，截至當年年底，消費信貸餘額已達 732.74 億元，比年初增長了 560.74 億元，增長率高達 326.01%[②]，爲消費信貸業務的規範與加速發展奠定了基礎。

（4）規範與加速發展階段（1999 年起）

1998 年，中國消費信貸業務明顯增長，順利地實現了這類業務從起步階段向加速發展階段的過渡。面對進一步擴大內需的要求，如何在加強消費信貸規範化管理的同時，推動其加速發展，逐步成爲政府和中央銀行高度關注的問題。因此，自 1999 年 1 月至 2000 年 8 月，中國人民銀行和有關部門先後發布了《銀行業務管理辦法》《關於開展個人消費信貸的指導意見》《經濟適用房開發貸款暫行規定》《關於國家助學

---

① 中國人民銀行貨幣政策司. 中國消費信貸發展報告 [N]. 金融時報，2003-03-22.
② 蔡浩義，徐忠. 消費信貸、信用分配與中國經濟發展 [J]. 金融研究，2005（9）.

貸款管理規定（試行）》《憑證式國債質押貸款辦法》《關於調整個人住房貸款期限和利率的通知》《關於調整個人住房公積金存、貸款期限和利率等問題的通知》《關於助學貸款管理的若干意見》《住房置業擔保管理試行辦法》《中國人民銀行助學貸款管理辦法》和《關於開展助學貸款業務管理的補充意見》等一系列與消費信貸業務直接或間接相關的政策。這些政策的基本精神是：規範信用卡管理，對免息還款期、透支利率、授信管理等制定了具體的辦法，大力推行信用卡，鼓勵信用卡消費；確立了消費信貸的發展方向、開辦機構及業務管理的指導意見；鼓勵商業銀行積極支持經濟適用房開發建設；大力推廣國家助學貸款，確定助學貸款的主要政策意向和發展方向，並下發了全面、具體的助學貸款管理辦法；允許商業銀行發放憑證式國庫券質押貸款；合理調整並確定住房貸款和住房公積金貸款的期限和利率；允許建立住房置業擔保公司，以解決住房貸款的擔保問題，並進一步完善住房貸款風險的防範和控制措施。在這一系列政策措施的指導和鼓勵下，中國的消費信貸業務自1999年起，出現了「井噴式」增長的態勢，截至2004年年底，中國消費信貸余額已高達19,882億元，比1997年增長了114倍。其中，以住房貸款爲主體的中長期消費性貸款爲17,603億元。[①] 雖然自2005年起，爲了調控日趨高漲的住房價格，對住房消費信貸的增長採取了一系列的限制措施，並在調控住房價格和強化住房信貸業務的規範化管理等方面取得了一定的效果，但並未遏制消費信貸快速增長的勢頭，截至2015年年底，中國消費信貸總額已達到189,519.83億元，[②] 比2004年增長了169,637.83億元，年均增長率高達22.75%。其中，以住房消費貸款爲主體的中長期消費性貸款爲148,512.22億元[③]，比2004年增長了130,909.22億元，年均增長率高達21.39%。

---

① 中國人民銀行貨幣政策分析小組. 2006年中國區域金融運行報告［N］. 金融時報，2007-05-31.
② 數據來源於中國人民銀行《金融機構人民幣信貸收支月報》（2015）。
③ 數據來源於中國人民銀行《金融機構人民幣信貸收支月報》（2015）。

1.2.2 中國消費信貸業務的現狀及存在的問題

(1) 中國消費信貸業務的現狀

中國消費信貸業務的發展歷程和現狀是同一問題的兩個方面：發展歷程反應了現狀的形成過程；現狀反應了發展的結果。因此，要全面客觀地認識中國消費信貸業務的發展狀況，以便對消費信貸的效應做出客觀的分析，除了要全面理解中國消費信貸業務的發展歷程以外，還需對其發展現狀做出客觀的分析和評價。而對中國消費信貸業務現狀的分析和評價，則可以從規模、結構和覆蓋面這三個方面入手。

政府擴大内需的政策取向和鼓勵消費信貸業務發展的一系列具體措施，助推了中國消費信貸規模的迅速擴張。根據 2015 年中國人民銀行公布的《金融機構人民幣信貸收支表》，截至 2015 年年末，中國的消費信貸總額已經達到 189,519.83 億元，占金融機構各類貸款總額的比重已經從 1997 年的 0.23% 上升至 20.17%。[①] 與此同時，開辦消費信貸業務的金融機構也已經由原來的國有獨資（股改後爲國有控股）商業銀行，擴充到了所有有條件開辦消費信貸業務的商業銀行和農村信用社、村鎮銀行以及小額貸款公司等金融機構和準金融機構。

從中國消費信貸業務的結構來看，中長期消費信貸在消費信貸總額中所占的比重雖然在總體上呈現出下降的趨勢，但下降的速度非常緩慢，而且時有反彈，因而一直佔有絕大比重。截至 2015 年末，中國各類中長期消費信貸總額爲 148,512.22 億元，占消費信貸總額的比重依然高達 78.36%；短期消費信貸總額爲 41,007.61 億元，僅占消費信貸總額的 21.64%。[②]

從覆蓋面來看，經過近二十年的發展，中國各類金融機構提供的消

---

① 數據來源於中國人民銀行《金融機構人民幣信貸收支表》(2015)。
② 數據來源於中國人民銀行《金融機構人民幣信貸收支表》(2015)。

費信貸業務品種已經從發展之初單純的住房消費信貸，擴充到10多個品種，主要包括：個人住房按揭貸款、個人汽車貸款、個人住房裝修貸款、醫療貸款、旅遊貸款、個人助學貸款、房產抵押貸款、小額質押貸款、個人綜合消費貸款等，幾乎囊括了所有的個人消費領域。

（2）中國消費信貸業務中存在的問題

綜合上述對現狀的描述並加以分析，就不難發現，表面上發展迅速的消費信貸業務中明顯地存在著不可忽視的問題，突出表現爲信貸的過度集中。對於這一問題，可以從以下三個方面來理解：①規模雖大，但業務結構嚴重不合理；期限長、額度大的貸款占絕大比重，短期消費信貸業務所占的比重嚴重偏低。②覆蓋面雖廣，覆蓋率卻明顯偏低，除了住房貸款、汽車貸款和助學貸款爲主體的中長期貸款以外，用於其他消費品的貸款很少，這表明雖然消費信貸的品種豐富，但其中真正能有效地發揮作用的甚少。③貸款在地域上過度集中。由於消費信貸是經濟發展到一定階段的產物，其發展需要較好的經濟基礎爲支撐，因而中國的消費信貸業務主要集中於城市和經濟較發達的地區，農村和欠發達地區消費信貸業務的發展嚴重滯後。這三個問題在很大程度上制約著消費信貸功能的正常發揮，並且是影響消費信貸效應的重要因素（詳見本書第五部分的分析）。

1.3 中國消費信貸的效應概述

效應是指事物發揮作用時，被作用的對象所作出的反應，具體表現爲被作用對象的規模、速度、結構或性質、狀態等發生的變化。被作用對象所作出的反應可能有多種，有的與事物作用的方向相同，有的與事物作用的方向不同甚至相反。但是，被作用對象的最終反應則常常只有一種，它是綜合各種反應的結果，是各種方向不同的反應所構成的「合力」。消費信貸作爲作用於消費支出的一種金融手段，其效應具體表現

爲消費支出在規模、速度和結構等方面的變化。通常，消費信貸的最終效應表現爲消費支出規模的增加或減少、消費支出增長速度的加快或減緩，以及消費支出結構的合理性的上升或下降，這是綜合消費支出對消費信貸的各種反應的結果，是消費支出對消費信貸所產生的各種方向不同的反應所構成的「合力」。在這種「合力」的形成過程中，消費支出對消費信貸有各種正向反應，也有各種負向反應，前者與消費信貸的目標取向一致，後者與消費信貸的目標取向不一致，甚至相反。消費信貸對消費的最終效應（即消費支出對消費信貸的最終反應方向及反應的量）就是正向效應和負向效應各自的作用力按照「平行四邊形」規則「合成」的結果。[1] 因此，要正確認識消費信貸對消費的最終效應，有效發揮消費信貸對消費的調節作用，就必須從分析消費信貸作用發揮過程中的基本效應開始。

1.3.1 消費信貸對消費的兩種基本效應

與消費信貸的目標取向一致的消費支出對消費信貸的各種正向反應，即是消費信貸對消費的刺激效應；與消費信貸的目標取向不一致甚至相反的消費支出對消費信貸的各種負向反應，即是消費信貸對消費的擠出效應。刺激效應和擠出效應是消費信貸對消費的兩種基本效應，同時也是利用消費信貸調節消費時的兩個基本切入點。

（1）消費信貸對消費的刺激效應

消費信貸對消費的刺激效應是指，隨著消費信貸的增加，居民消費支出的規模擴大或增長速度加快，消費支出的結構也隨著消費信貸支持重點的調整而發生相應的改變。在中國現實經濟條件下，消費信貸對消

---

[1] 根據力學原理，當同一物體受到來自不同方向的作用力（壓力或牽引力）時，其所受到的總的作用力的大小及方向，由不同受力方向及力度大小爲相鄰兩邊構成的平行四邊形的對角線表示和決定。

費的刺激效應是利用消費信貸手段調節消費水平，發揮消費在擴大內需、刺激經濟增長過程中的作用的基本著眼點。

消費信貸對消費的刺激效應包括直接刺激效應和間接刺激效應兩種。直接刺激效應是指消費信貸直接擴大消費支出規模或加快消費支出增長速度的效應，由消費拉動效應和消費誘導效應兩部分構成。前者表現爲在沒有發生「漏損」的情況下，消費信貸通過突破消費者的流動性約束而直接轉變爲消費支出；後者表現爲在消費信貸的誘導下，居民通過減少儲蓄或壓縮非信貸消費來支付首付款的方式，增加信貸消費。間接刺激效應是指作爲 GDP 的重要組成部分的消費支出，因受消費信貸的直接刺激而增加後，居民收入隨著 GDP 的增長而增加，在既定的邊際消費傾向下，使消費與儲蓄同時增加的效應。間接刺激效應的基本作用機制是，消費信貸通過 GDP 的傳導而作用於消費的增長。

消費信貸對消費的刺激效應是由直接刺激效應和間接刺激效應綜合而成的，其形成過程如圖 1-1 所示。

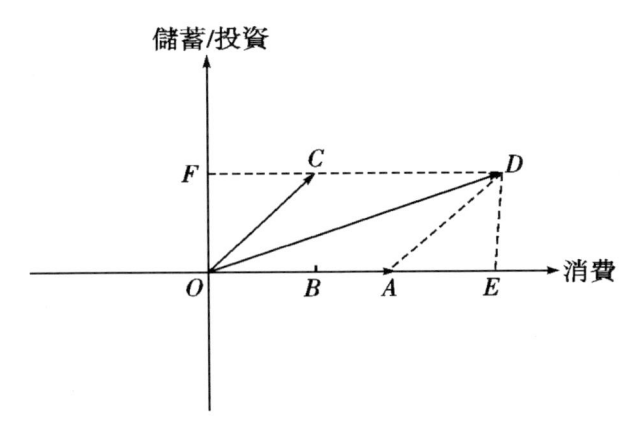

圖 1-1 消費信貸對消費的刺激效應的形成過程

在圖 1-1 中，橫軸代表消費水平，縱軸代表儲蓄或投資水平（在均衡狀態下，儲蓄＝投資）。*OA* 表示消費信貸對消費的直接刺激效應，其中，*BA* 表示消費信貸對消費的誘導效應，*OB* 表示消費信貸對消費的直接拉動效應。*OC* 表示消費信貸對消費的間接刺激效應，意味著在消

費信貸的刺激下，GDP 增長導致居民收入增加，在既定的邊際消費/儲蓄傾向下，消費和儲蓄/投資同時增加，由此可見，間接刺激效應不僅表現爲對消費的刺激，也表現爲對儲蓄/投資的刺激。*OD*（平行四邊形 *OADC* 的對角線）表示在「平行四邊形」規則下形成的消費信貸對消費的直接刺激效應和間接刺激效應的「合力」，這一「合力」不僅作用於消費，也作用於儲蓄和投資。其中，被刺激的消費支出爲 *OE*，被刺激的儲蓄和投資爲 *OF*。

（2）消費信貸對消費的擠出效應

消費信貸對消費的擠出效應是指，隨著消費信貸的增加，在居民消費支出的結構隨著消費信貸支持重點的調整而發生相應改變的同時，消費支出的規模相對縮小或增長速度相對下降。在中國現實經濟條件下，由於消費信貸的目標取向在於刺激消費，基本著眼點是其對消費的刺激作用，因而消費信貸對消費的擠出效應常常被忽視。

在理解消費信貸對消費的擠出效應時，應明確擠出效應具體表現爲受到信貸支持的消費行爲對不能得到信貸支持的消費行爲的擠出。通常，信貸消費品和非信貸消費品應歸屬於不同的消費品類別。例如，對住房類消費品的消費能夠以按揭貸款的方式得到信貸支持，而對化妝品的消費通常不能得到信貸支持（通過信用卡透支方式消費除外），那麼，受住房消費信貸刺激的住房消費就會對化妝品消費產生擠出效應，具體表現爲消費者爲籌集首付款或償還住房貸款本息的資金而壓縮對化妝品的消費。儘管對同一種消費品的消費行爲有的能得到信貸支持，另一些則不能得到信貸支持，但彼此間並不存在擠出效應，因爲對該類消費品的消費總額不會因消費者獲得信貸支持而相對或絕對減少。換句話說，針對同一種消費品的消費而言，消費信貸對其只有刺激效應，沒有擠出效應。

消費信貸對消費的擠出效應具有客觀性、多因性和在一定程度上的可控性特點。

首先，消費信貸對消費的擠出效應具有客觀性。因爲從消費者作出信貸消費決策時起到實際得到信貸支持時止，需爲籌集首付款而累積資金，這個過程在很大程度上來說，就是在既定的消費/儲蓄傾向下壓縮

非信貸消費的過程，也就是信貸消費行爲擠出非信貸消費行爲的過程；而在實際獲得信貸支持時起至還清全部貸款本息時止，又需爲償還貸款本息而累積資金，在這一過程中，同樣存在信貸消費對非信貸消費的擠出。雖然從表面上看，商業銀行可以通過持續地提供消費信貸而使消費者一定程度上保持「寅吃卯糧」的狀態，這樣一來，貸款後似乎就不存在信貸消費對非信貸消費的擠出了，但是，消費者自身的借貸能力是有限的，一旦飽和，在還清貸款本息前，消費者是不可能再次借到貸款的，更不可能借新還舊，因而在償還貸款本息的過程中，通常都存在對非信貸消費的擠出。此外，在既定的信貸規模下，消費信貸對投資信貸的替代所引發的消費者收入下降效應，也會使消費者在既定的消費/儲蓄傾向下的消費相對下降。因此，消費信貸對消費的擠出效應是客觀存在的，只是在不同的時期和不同的國家或地區，程度不同而已。

其次，消費信貸對消費的擠出效應具有多因性。從表面上看，消費信貸對消費的擠出效應的形成原因似乎很簡單，無非是因累積首付款和償還貸款本息而擠出非信貸消費，以及消費信貸替代投資信貸後，消費者因收入相對減少而消費也相應地減少而已，但這只是表面現象，其背後隱藏著多種影響因素，包括貸款額度、消費信貸占信貸消費品價款的比例、消費者實際累積首付款的期限、消費者的消費計劃中用於購置信貸消費品的份額、消費者的消費傾向和收入水平、市場利率水平、貸款期限和貸款利率，以及銀行的信貸結構、產出增長與投資信貸增長之間的關係，等等，這些因素都在不同的方向和程度上影響著消費信貸對消費的擠出效應，整個擠出效應的形成過程是各種影響力量按照「平行四邊形」規則進行連續組合的過程。關於這一問題，本書的第四、第五部分將作具體分析。

最後，消費信貸對消費的擠出效應在一定程度上具有可控性。

上述影響消費信貸對消費的擠出效應的各項因素中，有些是貨幣當局和商業銀行能夠直接調節和控制的（如貸款額度、消費信貸占信貸消費品價款的比例、市場利率水平、貸款期限和貸款利率、信貸結構），有些是能夠加以引導的（如消費者實際累積首付款的期限、消費者消費

計劃中用於購置信貸消費品的份額、消費者的消費傾向），有些是沒法控制的（如消費者的收入水平、產出增長與投資信貸增長之間的關係）。因此，消費信貸對消費的擠出效應兼具內生變量和外生變量的性質，貨幣當局和商業銀行可以根據宏觀調控目標的要求，對其「外生」部分進行有效的調節和控制，以使消費信貸的功能得到合理的發揮，這是利用消費信貸對消費的擠出效應調節消費水平和結構的基本依據。

與刺激效應一樣，消費信貸對消費的擠出效應同樣由兩部分構成：直接擠出效應和間接擠出效應。直接擠出效應是指消費支出規模隨著消費信貸的增加而相對下降或消費支出增長速度隨著消費信貸的增加而相對減緩，其由首付款累積效應和本息償還效應構成，前者是指消費者為累積首付款而減少非信貸消費，後者是指消費者為償還貸款本息而減少非信貸消費。間接擠出效應是指因消費信貸擠出投資信貸，使投資對GDP的拉動作用減弱，導致消費者因收入相對下降而減少消費。間接擠出效應的基本作用機制是，消費信貸通過擠出投資信貸並借助於GDP的傳導而擠出消費。

消費信貸對消費的擠出效應是由直接擠出效應和間接擠出效應綜合而成的，其形成過程如圖1-2所示。

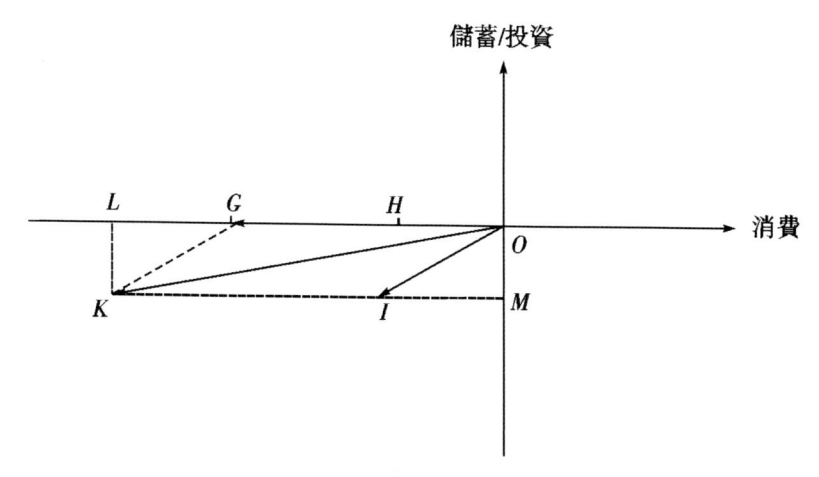

圖1-2 消費信貸對消費的擠出效應的形成過程

在圖 1-2 中，橫軸代表消費水平，縱軸代表儲蓄或投資水平（在均衡狀態下，儲蓄=投資）。OG 表示消費信貸對消費的直接擠出效應，其中，OH 表示首付款累積效應，HG 表示貸款本息償還效應。OI 表示消費信貸對消費的間接擠出效應，意味著在消費信貸替代投資信貸的情況下，GDP 減少導致居民收入相應減少，在既定的邊際消費/儲蓄傾向下，消費和儲蓄/投資同時減少。由此可見，間接擠出效應不僅表現為信貸消費對非信貸消費的擠出，也表現為對儲蓄/投資的擠出。OK（平行四邊形 OGKI 的對角線）表示在「平行四邊形」規則下形成的消費信貸對消費的直接和間接擠出效應的「合力」，這一「合力」不僅作用於消費，也作用於儲蓄/投資。其中，被擠出的消費支出為 OL，被擠出的儲蓄/投資為 OM。

1.3.2 消費信貸對消費的總體效應

消費信貸對消費的總體效應也可以理解為消費信貸對消費的淨效應，即刺激效應和擠出效應相抵後的效應。從理論上說，消費信貸對消費的淨效應有兩種：淨刺激效應（刺激效應大於擠出效應）和淨擠出效應（擠出效應大於刺激效應）。因間接刺激效應和間接擠出效應的影響，無論消費信貸對消費的淨效應表現為淨刺激還是淨擠出，受影響的不僅有消費，同時也有儲蓄/投資。因此，消費信貸對消費的總體效應，最終表現為四種結果：在對消費發揮淨刺激效應的情況下，儲蓄/投資增加（如圖 1-3 所示）；在對消費發揮淨刺激效應的情況下，儲蓄/投資減少（如圖 1-4 所示）；在對消費發揮淨擠出效應的情況下，儲蓄/投資增加（如圖 1-5 所示）；在對消費發揮淨擠出效應的情況下，儲蓄/投資減少（如圖 1-6）所示。

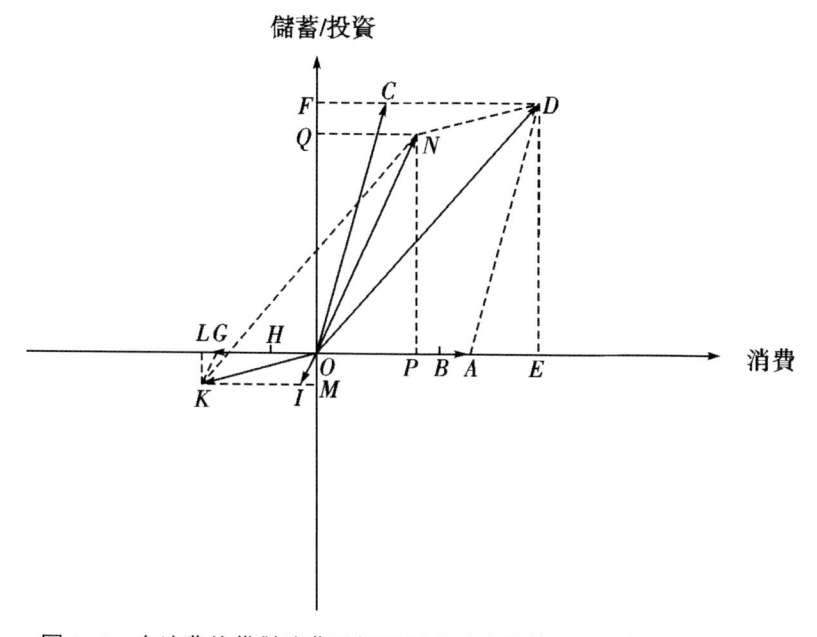

圖1-3 在消費信貸對消費發揮淨刺激效應的情況下，儲蓄/投資增加

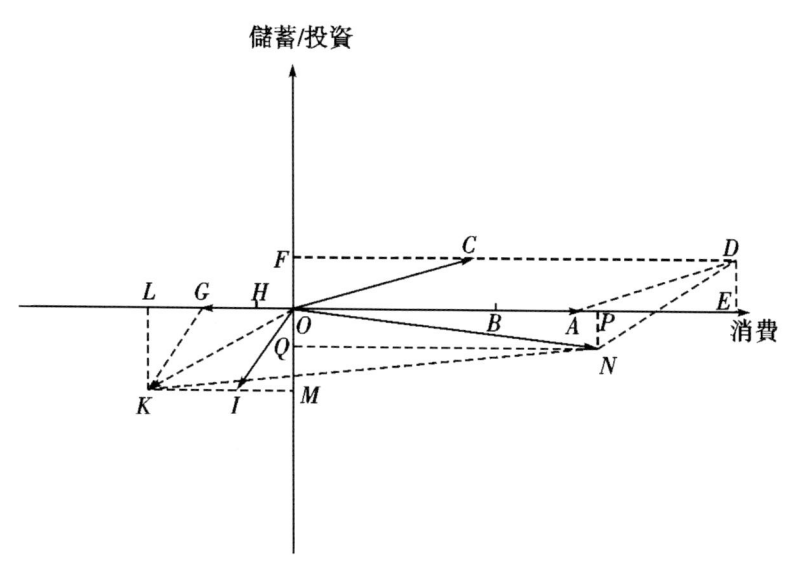

圖1-4 在消費信貸對消費發揮淨刺激效應的情況下，儲蓄/投資減少

033

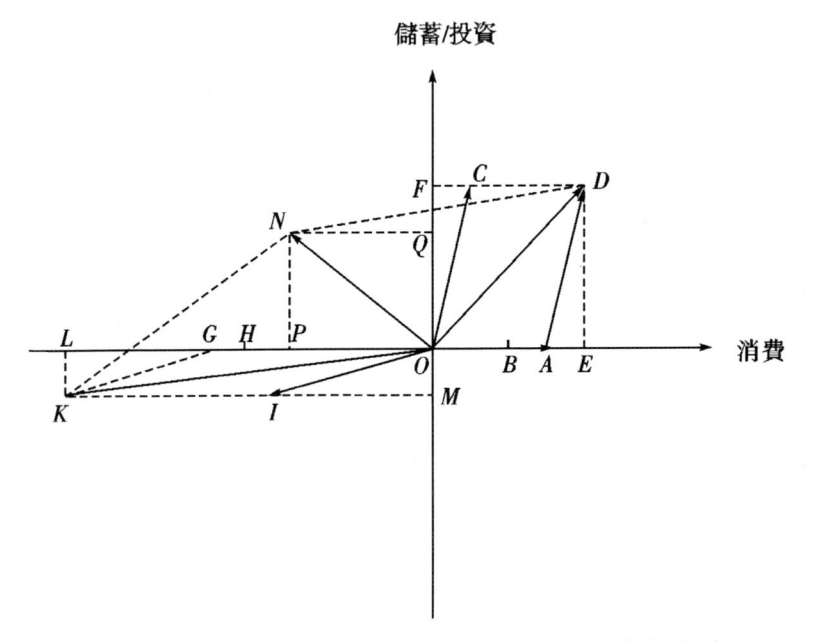

圖 1-5 在消費信貸對消費發揮淨擠出效應的情況下，儲蓄/投資增加

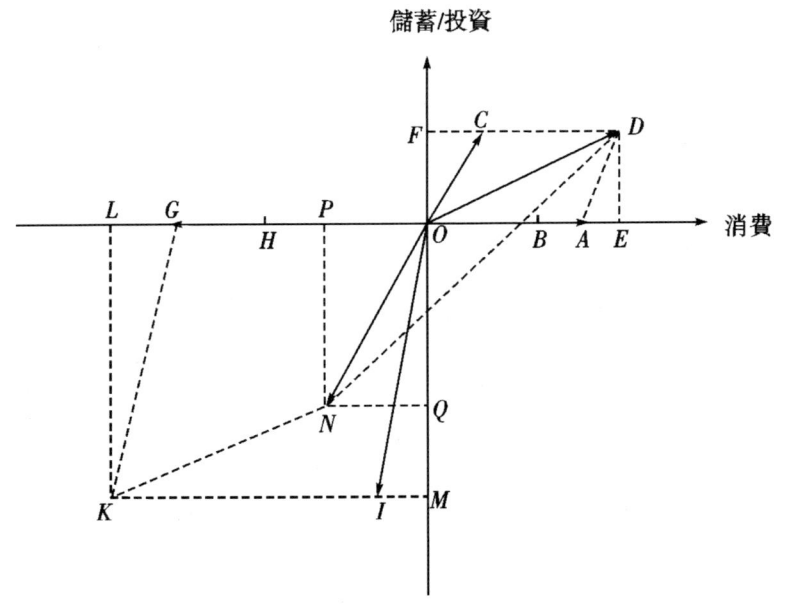

圖 1-6 在消費信貸對消費發揮淨擠出效應的情況下，儲蓄/投資減少

在圖 1-3 至圖 1-6 中，橫軸和縱軸以及 *OA*、*OB*、*BA*、*OE*、*OD*、*OC*、*OF*、*OG*、*OH*、*HG*、*OL*、*OK*、*OI*、*OM* 的含義均與圖 1-1 和圖 1-2 相同。*ON*（平行四邊形 *OKND* 的對角線）代表消費信貸的總體效應，它是根據平行四邊形規則，以刺激效應 *OD*（平行四邊形 *OADC* 的對角線）和擠出效應 *OK*（平行四邊形 *OIKG* 的對角線）爲相鄰的兩邊，構建平行四邊形 *OKND* 後，取其對角線得到的。*OP* 表示消費信貸對消費的淨刺激或淨擠出效應；*OQ* 表示消費信貸對儲蓄/投資的淨刺激或淨擠出效應。

通常，圖 1-5 和圖 1-6 所示的情況僅在理論上存在，現實經濟生活中較多出現的是圖 1-3 和圖 1-4 所示的情況，即消費信貸的總體效應常常表現爲在對消費發揮淨刺激效應的情況下，儲蓄/投資增加或減少。只有在極其特殊的情況下（例如，貸款首付比例在 50% 以上，並且消費者無初始貨幣累積，邊際消費傾向極高，或既定的儲蓄目標明確且不可動搖），才可能出現圖 1-5 和圖 1-6 所示的情況，即消費信貸的總體效應表現爲在對消費發揮淨擠出效應的情況下，儲蓄/投資增加或減少。正因爲如此，人們在看待消費信貸對消費的效應時，往往著眼於刺激效應，而對於擠出效應及其對總體效應的影響，則無論在理論研究還是實踐操作中，都一直未能得到應有的重視。

2 中國消費信貸擠出消費的現狀

前面的分析認爲，消費信貸對消費的擠出效應是客觀存在的，只是在不同的空間和時間中程度不同而已。分析中國消費信貸對消費的擠出效應的現狀，就是在「目前」和「中國」這個特定的時間和空間中，分析其程度。

2.1 分析的基本思路

由於消費信貸對消費的總體效應通常表現爲淨刺激效應，即總體消費水平隨著消費信貸的增加而增加，因而，儘管存在著信貸消費對非信貸消費的擠出，但因在分析時難以有效區別信貸消費和非信貸消費，而無法得到非信貸消費隨著消費信貸的增加而減少的證據。因此，分析消費信貸對消費的擠出效應的現狀時，只能根據相關經濟現象，在事實層面上作出邏輯推斷，同時，借助於計量經濟模型作補充說明。基於這樣的思路，本部分將循著兩條路徑來展開分析，並把兩條路徑的分析結論用以相互印證和補充。第一條路徑是一般分析路徑，主要通過對居民的收入水平、消費支出水平、消費傾向、消費率、消費需求對國內生產總值的貢獻率等指標的比較分析，並輔之以與國外相關指標的對比，在事實層面上對中國消費信貸的消費擠出效應的現狀作出定性判斷。第二條路徑是計量分析路徑，主要通過分別對社會消費品零售總額、居民消費

支出總額與居民收入總額、消費信貸總額的迴歸分析，以及相應的顯著性檢驗，根據迴歸系數及其顯著性，分析消費信貸額度的變化對社會消費品零售總額及居民消費支出的影響，據以判斷是否存在信貸消費尤其是大額信貸消費對非信貸消費的擠出，並通過分析消費信貸實際拉動的消費與理論上應該拉動的消費，以及消費信貸在該項業務比較成熟的國家實際拉動的消費之間的差距的分析，來從量的角度判斷中國消費信貸對消費的擠出效應的現狀。

2.2 對擠出效應現狀的一般分析

這裡所說的一般分析，從其性質上來看，屬於定性分析。其論證的基本方法是：首先說明或從邏輯上證明消費信貸對消費的擠出效應是產生某一經濟現象的原因之一，然後根據對這一經濟現象的具體表現及其變動程度的分析，得出「其他原因不足以對這一結果作出完全意義上的解釋」這一結論，以此來推斷消費信貸對消費的擠出效應的現狀。換句話說，就是根據結果來倒推原因發揮作用的程度，並把除了所要分析的原因以外的其他原因在解釋結果時出現的「空缺」，作爲所要分析的原因對結果的解釋力，以此推斷出這一原因的作用力。就本部分所要分析的內容而言，被作爲結果納入分析過程的經濟現象主要有居民的最終消費率、居民的邊際消費傾向和消費對經濟增長的拉動作用及貢獻率。

2.2.1 從居民最終消費率的變化看擠出效應的現狀

最終消費率是指最終消費支出占 GDP 的比重，由政府最終消費率和居民最終消費率兩部分構成，分別代表政府最終消費支出和居民最終消費支出占 GDP 的比重。消費率的變化取決於最終消費支出的變化和

GDP 的變化，其中，GDP 的變化受制於消費支出（包括政府消費支出）、投資支出和淨出口的變化。居民最終消費支出的增減除了受制於自身的收入水平外，也受制於消費信貸，消費信貸對消費的刺激效應和擠出效應會在不同方向上影響居民消費率的變化。自 20 世紀 90 年代後期以來，中國消費信貸發展迅猛。截至 2015 年年末，消費信貸余額已經從 1997 年的 172 億元上升至 189,519.83 億元，增加了 1,100.86 倍，年均增長率高達 47.57%。[①] 與消費信貸的強勢增長速度相對照，中國居民的最終消費率變化情況又如何呢？表 2-1 列出了自 1981—2014 年間中國的消費信貸總額和中國居民的最終消費率；圖 2-1 分別列出了自 1981—2014 年間中國的消費信貸總額和中國居民最終消費率的變化趨勢，從中可以在一定程度上對消費信貸擠出消費的現狀做出初步判斷。

表 2-1　　　　　　　　居民的最終消費率及消費信貸總額

年份	居民最終消費率（%）	消費信貸總額（億元）
1981	53.64	—
1982	53.76	—
1983	53.90	—
1984	51.06	—
1985	51.19	—
1986	51.35	—
1987	49.97	—
1988	48.88	—
1989	51.36	—
1990	50.25	—
1991	48.16	—
1992	45.49	—

---

① 中國人民銀行貨幣政策司. 中國消費信貸發展報告 [N]. 金融時報，2003-03-22. 數據來源於中國人民銀行《金融機構人民幣信貸收支表（按部門）》（1999—2015）。

表2-1(續)

年份	居民最終消費率（%）	消費信貸總額（億元）
1993	44.18	—
1994	44.26	—
1995	45.92	—
1996	47.03	—
1997	46.11	172.00
1998	45.74	732.74
1999	46.48	1,408.20
2000	47.09	4,279.70
2001	45.99	6,990.30
2002	45.52	10,669.20
2003	43.45	15,736.00
2004	41.43	19,882.00
2005	40.47	22,003.00
2006	38.65	24,047.70
2007	37.23	32,729.00
2008	36.41	37,210.29
2009	36.65	55,333.65
2010	35.72	75,107.68
2011	36.46	88,716.86
2012	37.17	104,367.17
2013	37.37	129,721.02
2014	38.19	153,659.68

資料來源：居民的最終消費率係根據《中國統計年鑒》（2015）的數據計算得到；消費信貸總額來自中國人民銀行《金融機構人民幣信貸收支表（按部門）》（2006—2015）、中國人民銀行貨幣政策司《中國消費信貸發展報告》、中國人民銀行貨幣政策分析小組《2006年中國區域金融運行報告》，以及每年的《貨幣政策執行報告》。

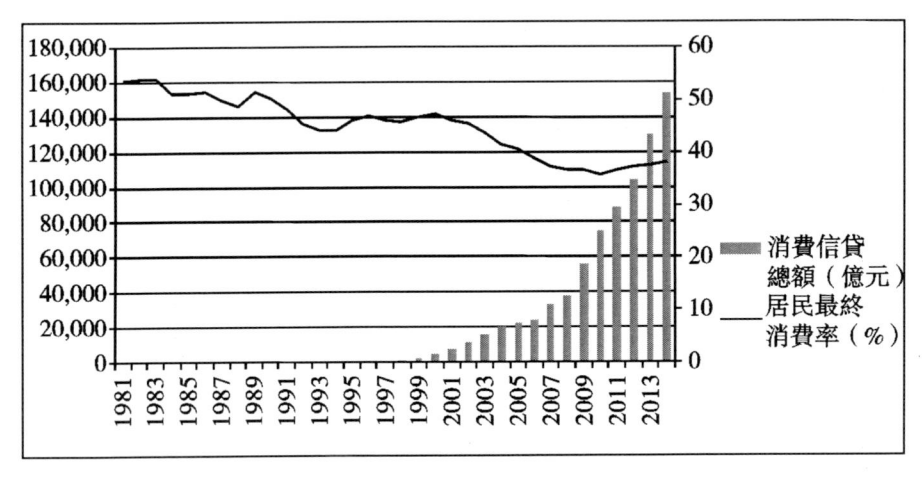

圖 2-1　消費信貸總額及居民最終消費率變動趨勢

　　從表 2-1 和圖 2-1 中可以清晰地看出，在基本沒有消費信貸刺激的 20 世紀 80 年代，居民的最終消費率一直比較穩定，維持在 50% 左右，而且絕大部分時間在 50% 以上。自 1990 年開始，居民的最終消費率呈現出明顯的下降趨勢。究其原因，主要有三個方面：一是改革開放十年後，居民的收入增長導致邊際消費傾向下降；二是投資支出、政府支出和淨出口對 GDP 的貢獻率上升，尤其是 1993 年的人民幣匯率並軌，在很大程度上提高了淨出口對 GDP 增長的貢獻率；三是 20 世紀 80 年代末期「搶購風」後居民的消費觀念逐步趨向理性，加之「大鍋飯」體制隨著改革的深化而進一步被打破，居民的預防性儲蓄動機開始上升。儘管如此，這一階段居民最終消費率的下降幅度很有限，九年間共下降了 5.62 個百分點。在 1999 年至 2000 年間，中國居民的最終消費率在消費信貸的刺激下，有比較明顯地增長。據此不難看出，中國的消費信貸是在居民消費率持續降低、消費對經濟增長的貢獻率不斷下降的情況下，被作為「救急」措施而推上「前臺」的。應該說，在消費信貸政策實施的初期，居民最終消費率有一定程度地提高，在短短的兩年之內，就上升了 1.35 個百分點。然而，「好景」不長，自 2001 年至 2010 年的 10 年間，居民的最終消費率除了 2009 年略有回升外，在其他

各年都隨著消費信貸規模的迅速上升而急遽下降，在 2010 年，更是降到了最低谷，僅爲 35.32%，十年間共下降了 11.37 個百分點。而同期，消費信貸的余額則從 4,279.7 億元增長到 75,107.68 億元，增長了 1,654.98%。儘管可以用多種原因來解釋這一現象，例如，居民邊際消費傾向下降、政府支出和投資支出貢獻率上升等，但是，在如此強大的消費信貸政策支持下，居民的最終消費率卻隨著消費信貸規模的迅速上升而下降得如此「酣暢淋灕」，恐怕前述原因已沒有「能力」對這一結果「承擔全部責任」了。這種情況表明，中國的消費信貸增長與居民消費率下降之間在一定程度上客觀存在因果關係，即消費信貸對消費的擠出效應，已經明顯到了不能被忽視的程度。雖然自 2011 年起，中國居民的最終消費率又一次出現了緩慢回升的勢頭，截至 2014 年，四年間共回升了 2.47 個百分點，但另一個同樣不容忽視的事實則是消費信貸規模的巨額增長，四年間從 75,107.68 億元上升到 153,659.68 億元，增長率高達 104.59%，年均增長率爲 19.60%。與消費信貸規模如此快速的增長相比，同一時期內居民最終消費率的增長無疑表現得極其「不給力」。

2.2.2　從居民邊際消費傾向的變化看擠出效應的現狀

邊際消費傾向（MPC）是指居民消費支出的增量與居民的收入增量之比。通常，邊際消費傾向有隨著收入的增長而逐步遞減的趨勢，高收入階層的邊際消費傾向低於中低收入階層。消費信貸能刺激即期消費，因而能在一定程度上遏制邊際消費傾向遞減的勢頭。但是，消費信貸能在多大程度上遏制消費者邊際消費傾向遞減的勢頭，除了受消費者收入水平變化的影響外，同樣也受制於其自身對消費的擠出效應的大小。擠出效應越大，消費信貸遏制消費者邊際消費傾向遞減勢頭的力度就越弱，反之亦然。自 1998 年以來，中國消費信貸業務發展迅速，尤其是以住房貸款爲主體的中長期消費信貸，增勢強勁。近年來，由於中國住房保障制度的不完善，除了高收入階層以外，屬於中等收入階層的

居民也大量地採用按揭方式解決住房問題，甚至部分中低收入的居民，也加入了按揭購房的行列。因這部分借款人收入相對偏低，且儲蓄有限，無論在累積首付款過程中，還是在償還貸款本息的過程中，對非信貸消費的擠出效應都比較大，從而使消費信貸遏制邊際消費傾向下降勢頭的力度明顯削弱。因此，中國消費信貸對消費的擠出效應發揮的程度，可以從近年來消費信貸的增長態勢和居民邊際消費傾向的下降態勢的對比中，得到反應（如表2-2所示）。

表2-2　　　　城鎮居民收支情況及邊際消費傾向

年份	人均可支配收入（元） 金額	人均可支配收入（元） 增量	人均消費支出（元） 金額	人均消費支出（元） 增量	邊際消費傾向（%）
1994	3,496.2	—	2,851.30	—	—
1995	4,283.00	786.80	3,537.60	686.30	87.23
1996	4,838.90	555.90	3,919.50	381.90	68.70
1997	5,160.30	321.40	4,185.60	266.10	82.79
1998	5,425.10	264.80	4,331.60	146.00	55.14
1999	5,854.00	428.90	4,615.90	284.30	66.29
2000	6,280.00	426.00	4,998.00	382.10	89.69
2001	6,859.60	579.60	5,309.00	311.00	53.66
2002	7,702.80	843.20	6,029.90	720.90	85.50
2003	8,472.20	769.40	6,510.90	481.00	62.52
2004	9,421.60	949.40	7,182.10	671.20	70.70
2005	10,493.00	1,071.40	7,942.90	760.80	71.00
2006	11,759.50	1,266.50	8,696.60	753.70	59.51
2007	13,785.80	2,026.30	9,997.50	1,300.90	64.20
2008	15,780.30	1,994.50	11,242.90	1,245.40	62.44
2009	17,174.70	1,394.40	12,265.00	1,022.10	73.30
2010	19,109.40	1,934.70	13,471.50	1,206.50	62.36
2011	21,809.80	2,700.40	15,160.90	1,689.40	62.56
2012	24,564.70	2,754.90	16,674.30	1,513.40	54.93

表2-2(續)

年份	人均可支配收入（元）		人均消費支出（元）		邊際消費傾向（%）
	金額	增量	金額	增量	
2013	26,955.10	2,390.40	18,467.50	1,793.20	75.02
2014	29,381.00	2,425.90	19,968.10	1,500.60	61.86

數據來源：城鎮居民人均可支配收入和人均消費支出均來自《中國統計年鑒》（2015年），邊際消費傾向系根據上述數據計算得到。

在表2-2中，城鎮居民的邊際消費傾向的計算公式爲：邊際消費傾向（MPC）＝城鎮居民人均消費支出增量÷城鎮居民人均可支配收入增量。從該表中可以看出，在2000年以前，中國城鎮居民的邊際消費傾向一直處於波動之中，沒有明顯的升降趨勢。但從2000年開始，中國城鎮居民的邊際消費傾向進入了一個比較平緩的下降通道中，其間雖有波動，但總體上平緩下降的趨勢比較明顯（如圖2-2所示），從2000年的89.69%降至2014年的61.86%（其間下降趨勢尤爲明顯的時段是2000至2012年），最低時，低至2001年的53.66%，並在2012年再度接近這一水平，降至54.93%。而這期間，正是中國消費信貸規模突飛猛漲的階段。另外，在2000—2008年間，中國城鎮居民的邊際消費傾向在波動中下降了27.25個百分點，從2000年的89.69%下降至2008年的62.44%，其間雖然出現數次反彈，但下降趨勢依然十分明顯，而根據古炳鴻、李紅崗、葉歡（2009）年的研究，同樣在這一階段，消費信貸市場比較成熟、人均收入水平較高的美國居民的邊際消費傾向卻維持在86%至131%的區間內波動。很顯然，在消費信貸政策的強勁支持下，中國城鎮居民的邊際消費傾向在這一階段內本不應該出現如此明顯的下降趨勢，但這種趨勢既然出現了，就不能單純地用自身的遞減規律來解釋了。由於客觀存在的消費信貸對消費的擠出效應，在消費信貸規模迅速擴張，同時結構問題又十分突出（例如，在消費信貸總額中，住房消費貸款占了絕大比重）的情況下，迅速累積和釋放，削弱了消費信貸對消費者邊際消費傾向遞減勢頭的遏制力度，城鎮居民的邊際消費傾向才得以衝破消費信貸的「阻攔」，造就自身在這一階段明顯的下降

趨勢。由此可見，消費信貸對消費的擠出效應已成爲中國城鎮居民的邊際消費傾向在消費信貸的強大支撐下明顯下降這一現象的重要解釋變量，這從另一個側面說明了中國現階段消費信貸對消費的擠出效應的嚴重程度。

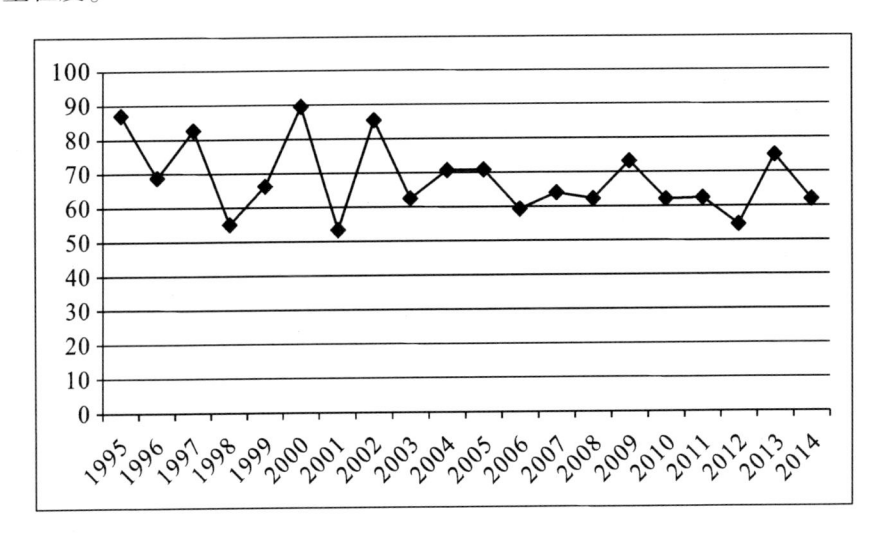

圖 2-2　城鎮居民邊際消費傾向變動趨勢

2.2.3　從消費對經濟增長的貢獻率和拉動作用看擠出效應的現狀

消費需求對經濟增長的貢獻率是指消費需求增量與按支出法計算的國內生產總值的增量之比；拉動作用是指國內生產總值增長速度與消費需求對經濟增長的貢獻率的乘積。通常，消費需求越高，消費對經濟增長的貢獻率就越大；相應地，消費對經濟增長的拉動作用也越強。消費信貸是刺激消費的重要手段，同時也是消費需求的重要構成部分，從這一意義上說，消費信貸的增長無疑會增大消費需求，消費在經濟增長中的貢獻率和拉動作用也會隨之上升。在消費信貸規模大幅度上升的情況

下，如果消費對經濟增長的貢獻率和拉動作用明顯下降，其原因就值得深思了。

表 2-3　三大需求對國內生產總值增長的貢獻率和拉動作用①

年份	最終消費支出 貢獻率（%）	最終消費支出 拉動作用（百分點）	資本形成總額 貢獻率（%）	資本形成總額 拉動作用（百分點）	貨物和服務淨出口 貢獻率（%）	貨物和服務淨出口 拉動作用（百分點）
1978	39.4	4.6	66.0	7.7	-5.4	-0.6
1979	87.3	6.6	15.4	1.2	-2.7	-0.2
1980	77.5	6.1	20.7	1.6	1.8	0.1
1981	93.4	4.9	-4.3	-0.2	10.9	0.5
1982	64.7	5.9	23.8	2.2	11.5	1.0
1983	74.1	8.1	40.4	4.4	-14.5	-1.6
1984	69.3	10.5	40.5	6.2	-9.8	-1.5
1985	71.1	9.6	79.9	10.8	-51.0	-6.9
1986	45.0	4.0	23.2	2.0	31.8	2.8
1987	50.3	5.8	23.5	2.7	26.2	3.1
1988	49.6	5.6	39.4	4.5	11.0	1.2
1989	39.6	1.6	16.4	0.7	44.0	1.8
1990	81.0	3.1	-54.2	-2.1	73.3	2.9
1991	65.1	6.0	24.3	2.2	10.6	1.0
1992	72.5	10.3	34.2	4.9	-6.8	-1.0
1993	59.5	8.3	78.6	11.0	-38.1	-5.3
1994	30.2	4.0	43.8	5.7	26.0	3.4
1995	46.1	5.1	46.7	5.1	7.2	0.8
1996	60.1	6.0	34.3	3.4	5.6	0.6
1997	37.0	3.4	18.6	1.7	44.4	4.2
1998	57.1	4.4	26.4	2.1	16.5	1.3

① 本表數據按不變價格計算。

表2-3(續)

年份	最終消費支出 貢獻率(%)	最終消費支出 拉動作用(百分點)	資本形成總額 貢獻率(%)	資本形成總額 拉動作用(百分點)	貨物和服務淨出口 貢獻率(%)	貨物和服務淨出口 拉動作用(百分點)
1999	74.7	5.7	23.7	1.8	1.6	0.1
2000	78.9	6.6	21.6	1.8	-0.5	0.0
2001	48.6	4.0	54.3	5.3	-12.9	-1.1
2002	57.3	5.2	37.9	3.4	4.8	0.4
2003	35.8	3.6	69.6	7.0	-5.5	-0.5
2004	43.0	4.3	61.3	6.2	-4.3	-0.4
2005	55.0	6.2	32.3	3.7	12.6	1.4
2006	42.4	5.4	42.3	5.4	15.2	1.9
2007	45.8	6.5	43.4	6.2	10.8	1.5
2008	45.0	4.3	52.3	5.0	2.7	0.3
2009	56.8	5.2	86.0	7.9	-42.8	-3.9
2010	46.3	4.9	65.2	6.9	-11.5	-1.2
2011	62.8	6.0	45.4	4.2	-2.4	-0.2
2012	56.5	4.3	41.8	3.2	1.7	0.1
2013	48.2	3.7	54.2	4.2	-2.4	-0.2
2014	51.6	3.8	46.7	3.4	1.7	0.1

數據來源:《中國統計年鑑》(2009)。

從表2-3中可以看出,雖然在1979—1997年期間,消費需求對中國經濟增長的貢獻率和拉動作用,在波動過程中基本上呈現出了一種下降的趨勢,但在大部分時間中,儘管沒有消費信貸的支撐,對中國經濟增長發揮舉足輕重作用的依然是消費需求,投資(即資本形成)需求和淨出口只處於「配角」地位。1998—2000年,消費需求對經濟增長的貢獻率和拉動作用在政府刺激消費的一系列政策措施的誘導和剛剛起步的消費信貸的支撐下,出現了比較明顯的回升。然而,同樣是「好景」不長,自2001年起,消費在推動經濟增長過程中的地位和作用,

就伴隨著消費信貸規模的迅速擴張，出現了明顯的下降趨勢。與此同時，投資的地位和作用則得到迅速地提升，出現了在淨出口的「配合」下，消費需求和投資需求共同「領銜主演」拉動經濟增長這部「大劇」的格局（如圖2-3所示）。

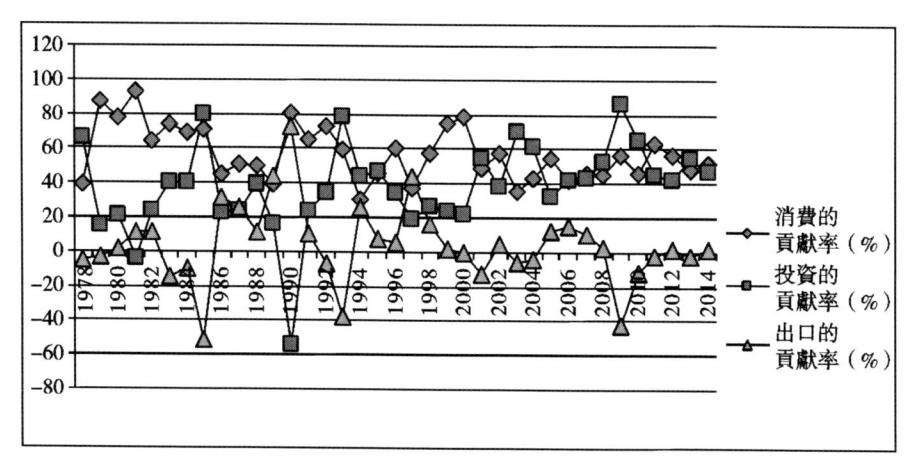

圖2-3　三大需求對國內生產總值增長的貢獻率變動趨勢

　　有人認爲，這一現象是由消費者的邊際消費傾向下降和三大需求（消費、投資和淨出口）的結構發生變化所致。從表面上看，這種解釋似乎有一定的說服力，但細加分析卻不難發現，這種解釋在一定程度上是一種邏輯的顛倒。因爲，儘管邊際消費傾向遞減是一種趨勢，但人們卻只能作爲結果來對其加以考察，即是消費相對減少使人們發現了邊際消費傾向在這一階段的遞減趨勢，而不是邊際消費傾向遞減造成了消費的相對減少，用邊際消費傾向遞減來解釋消費對經濟增長的貢獻率和拉動作用的變化，顯然有因果倒置之嫌，再者，在經濟發展史上，邊際消費傾向隨著消費者收入增加而上升的事例並不少見。三大需求的結構變化本身就是一種結果，造成這種結果的真正原因是消費、投資和進出口的宏觀和微觀環境及相關政策的變化，因環境和政策變化導致的消費、投資、淨出口的任何變化，都會造成三大需求的結構變化。具體地說，因環境和政策變化導致投資和淨出口的增減會使消費在經濟增長中的貢

獻率和拉動作用下降或上升,同樣,因環境和政策變化導致消費的增減也會使投資和淨出口在經濟增長中的貢獻率和拉動作用下降或上升。由此可見,用三大需求的結構變化來解釋各自對經濟增長的貢獻率和拉動作用的變化,無非是用結果來解釋結果而已,真正的原因會因此而被忽略。因此,在看待消費需求對經濟增長的貢獻率及拉動作用的變化時,必須立足於分析三大需求各自的變化及其原因,同時分析每一種需求變化對自身和其他需求在經濟增長中的作用和地位的影響。

就消費需求在經濟增長中的作用和地位的變化而言,既受自身增減變化的絕對影響,也受其他需求增減變化的相對影響。近二十年來,雖然有消費信貸的強大支撐,消費需求對經濟增長的貢獻率和拉動作用還是出現了明顯的下降,其在經濟增長中的作用和地位逐漸接近於投資需求。造成這一現狀的主要原因是投資增長的相對影響。在國家刺激投資增長的一系列政策措施(例如2008年的4萬億投資決策)的作用下,投資增勢迅猛,使消費需求在經濟增長中的地位和作用相對下降。但是,這一原因尚不足以完全解釋在消費信貸的強大支撐下,消費需求在經濟增長中的作用和地位明顯下降這一現象,消費需求自身的變化對其作用和地位的絕對影響也不能被忽視。相對於投資需求而言,消費需求具有更強的「內生性」特徵,如果沒有消費信貸的刺激和支撐,則消費需求對經濟增長的貢獻率和拉動作用,在政府對投資採取一系列刺激和鼓勵措施的情況下,明顯下降也就不足為奇了。問題是,中國消費需求對經濟增長的貢獻率和拉動作用明顯下降,並且「龍頭」地位隨時有可能被投資需求「替代」的現象恰恰發生在消費信貸規模迅速擴張,使消費需求的「外生性」特徵明顯增強的階段,而在沒有消費信貸支撐的大部分時間中,消費需求卻在拉動經濟增長的過程中穩居「龍頭」地位。顯然,在這一階段中,消費信貸對消費的刺激作用並沒有得到充分地發揮,而消費信貸對消費的擠出效應則無疑是導致消費信貸作用發揮不充分的重要原因。因此,從近幾年「消費需求對經濟增長的貢獻率和拉動作用在消費信貸的強力支撐下明顯下降」這一事實中,可以推斷出「中國的消費信貸對消費存在比較嚴重的擠出效應」這一結論。

2.2.4 從消費信貸的結構看擠出效應的現狀

如果單純從直接擠出效應來分析，那麼，單筆消費貸款的額度越大，其對消費的擠出效應就越強，因爲無論是取得信貸支持前累積首付款的壓力，還是取得貸款後每期還本付息的壓力，都會導致消費者在非信貸消費上對信貸消費作出更大的「讓步」。特別是隨著住房消費的進一步升溫，單筆貸款額度較大的住房按揭貸款和汽車貸款的對象逐步從收入和邊際儲蓄傾向都較高的高收入階層，向收入和邊際儲蓄傾向都較低的中等收入階層甚至少數中等偏低收入階層「漫延」，借款人必然因累積首付款和償還本息的需要而在非信貸消費上作出更大的「讓步」。同時，在現實中，借款人爲了償還助學貸款而「節衣縮食」的現象更是司空見慣的。

目前，在已經公布的統計資料中，尚無法獲得完整的按消費品種類分類的消費貸款數據，中國人民銀行和國家統計局公布的消費信貸數據都是按期限分類的。由於中長期消費信貸基本上是由住房貸款、汽車貸款和少量的助學貸款組成，而這些貸款除了期限較長外，還有一個共同特點，那就是單筆貸款的額度較高，大部分貸款的額度從數萬元至數十萬元乃至上百萬元不等。因此，從消費信貸的期限結構中，不但可以看出期限長的貸款在消費貸款總量中所占的比重，而且還可以看出單筆額度較大的貸款在消費貸款總量中所占的比重。

根據前述分析，可以從表 2-4 和圖 2-4 所反應的中國消費信貸的規模和中長期消費信貸的占比及其變動趨勢中，推斷出消費信貸擠出消費的嚴重程度。

表 2-4　　　　　消費信貸的規模及中長期消費信貸占比

年份(年)	消費信貸餘額(億元)	中長期消費信貸餘額(億元)	中長期消費信貸所占的比重 餘額占比(%)	當年增量占比(%)
1998	732.74	427.00	58.27	—
1999	1,408.20	1,357.70	96.43	137.79
2000	4,279.70	3,376.90	78.90	70.32
2001	6,990.30	6,065.90	86.78	99.20
2002	10,669.20	9,472.30	88.78	92.60
2003	15,736.00	13,691.70	87.01	83.28
2004	19,882.00	17,603.00	88.54	94.34
2005	22,003.00	20,295.97	92.24	126.97
2006	24,047.70	21,047.35	87.52	36.75
2007	32,729.00	29,624.89	90.52	98.80
2008	37,210.29	33,073.43	88.88	76.95
2009	55,333.65	48,955.79	88.47	87.63
2010	75,107.68	65,507.16	87.22	83.70
2011	88,716.86	75,161.80	84.72	70.94
2012	104,367.17	84,999.74	81.44	62.86
2013	129,721.02	103,163.08	79.53	71.64
2014	153,659.68	121,168.95	78.86	75.22
2015	189,519.83	148,512.22	78.36	76.25

數據來源：消費信貸及中長期消費信貸的餘額來自中國人民銀行《金融機構人民幣信貸收支表（按部門）》(1999—2015)、中國人民銀行貨幣政策司《中國消費信貸發展報告》、中國人民銀行貨幣政策分析小組《2006年中國區域金融運行報告》，以及每年的《貨幣政策執行報告》。中長期消費信貸的餘額和增量所占的比重系根據前述數據計算得到。

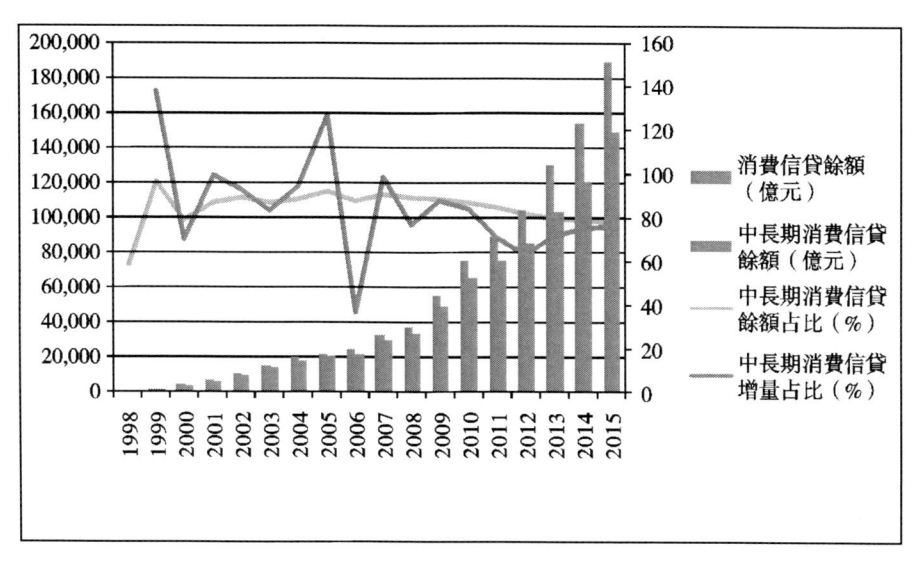

圖 2-4　消費信貸規模及中長期消費信貸占比變動趨勢

　　表 2-4 和圖 2-4 顯示，在 1998—2015 年，除了個別年份外，無論是余額還是當年的增量，中長期消費信貸都佔有絕大比重，甚至在有些年份，中長期消費信貸的增量在消費信貸增量中所占的比重，明顯地超過了中長期消費信貸餘額在消費信貸餘額中所占的比重。由於中長期消費信貸主要由單筆額度較大的住房貸款、汽車貸款和助學貸款構成，其中住房貸款是中長期消費信貸的主體，[①] 因此，這樣的信貸結構清楚地表明，消費者在累積首付款和償還每期的本息時，承受著巨大的壓力，據此，在中國現實經濟條件下，信貸消費對非信貸消費的擠出程度是可想而知的。

---

① 根據蔡浩儀、徐忠（2005）的研究，住房貸款在消費信貸總額中所占比重一直維持在 80% 以上，是消費信貸的主力，其次是汽車消費貸款和少量的助學貸款。但筆者根據中國人民銀行公布的統計數據計算出的相關指標表明，在 1998 年和 2000 年並沒有達到這一水平，其中 2000 年接近這一水平，為 78.9%，由於汽車和助學貸款業務尚未真正開辦，當年的中長期消費信貸僅為住房消費信貸一項。

2.2.5 對一般分析的總結

前面分別以居民的最終消費率、邊際消費傾向、消費需求對經濟增長的貢獻率和拉動作用的變化作爲切入點,分析了中國消費信貸對消費的擠出效應的現狀。基本的分析模式是根據結果的表現形式,列舉出引發每一種結果的包括消費信貸對消費的擠出效應在內的多種原因,通過分析各種結果的具體表現及相關的經濟背景,得出「除消費信貸對消費的擠出效應以外的其他原因均不足以對結果作出完整的解釋」的結論,並根據其解釋力的「不足」推斷出消費信貸對消費的擠出效應的嚴重程度。而最後進行的以消費信貸的結構作爲切入點的分析及所得出的結論,則可看成是對前面的分析結論的進一步強化,以及在一定層面上對擠出效應的形成原因的初步解釋。

整個分析過程類似於對「病因」的常規診斷:經濟中出現了三種「症狀」(居民最終消費率、邊際消費傾向、消費需求對經濟增長的貢獻率和拉動作用均明顯下降),引起每一種「症狀」的可能的「病因」中都有消費信貸對消費的擠出效應,而其他所有「病因」都無法使「症狀」如此嚴重,因而得出消費信貸對消費的擠出效應是引起上述「症狀」的重要「病因」這一初步「診斷」結論,同時借助於「對消費信貸結構及其與擠出效應之間的關係的分析」這一「常規檢驗手段」,使「病因」及其嚴重程度得到基本「確診」。

通常,在傳統的「診斷」技術手段下,經過這樣一個「診斷」程序,就已經有充分的把握得出「診斷」結論了。但是,在出現更先進的「診斷」技術和手段後,就有了進一步驗證常規「診斷」結論的必要,這種更先進的「診斷」技術和手段即是指計量經濟分析方法。雖然前面的分析結論已經具有可靠性,但畢竟是一種定性分析。爲了使分析結論更加具有說服力,有必要借助於計量經濟分析模型,作進一步的分析和驗證,這就是本書接下來需要深入分析的問題。

2.3 對擠出效應現狀的計量經濟分析

　　計量經濟分析是以經濟理論和實際的經濟數據為依據，運用數學和統計學的方法，通過建立數學模型來研究經濟現象的數量關係和規律的一種經濟分析方法。如果說前面的一般分析歸屬於定性分析的範疇，那麼，計量經濟分析就屬於典型的定量分析。針對本書所研究的問題，定量分析比定性分析更具體、更精確，能進一步驗證定性分析的結論。

2.3.1　計量經濟分析的基本設想

　　（1）分析的基本思路
　　針對所要研究的問題，這裡以消費信貸對社會消費品零售總額、消費者的消費支出總額的影響作為分析的切入點。
　　一方面，分析消費信貸對社會消費品零售總額的影響。考慮到社會消費品零售總額中並不包括住房、汽車和求學等消費內容，因此主要依據短期消費信貸額度的變化來判斷短期消費信貸對居民日常消費的影響作用的強弱及其顯著性，並根據分析結果判斷短期消費信貸在刺激日常的「此消費」的同時，是否在一定程度上擠出了「彼消費」。
　　另一方面，分析消費信貸對居民消費支出總額的影響。本書根據分析結果判斷消費信貸對消費的總體刺激效應，同時在理論上分析現階段中國的消費信貸對消費應有的刺激效應，在此基礎上，結合本書第一部分對總體擠出效應的解釋，並輔之以與國外相關資料的對比，對中國現階段消費信貸擠出消費的嚴重程度作出客觀評價。
　　（2）模型的設計及樣本的選取
　　鑒於上述分析思路，並考慮到「恆久收入—理性預期理論」已被

消費者對於可預期的收入變化的「過度敏感性」（Excess Sensitivity）和對於未預期的收入變化的「過度平滑性」（Excess Smooth）這兩個事實證明了與現實不符，故在這裡選擇凱恩斯的「絕對收入消費理論」作爲分析的理論基礎。根據這一理論，在除消費者的收入以外的其他因素不變的情況下，消費函數可記爲 $C = C(Y)$，意指人們的消費支出是其收入的函數，消費隨收入的變化而變化。根據這一理論基礎，這裡以收入和消費信貸額爲解釋變量，建立如下的線性迴歸模型：

$$C = \beta_0 + \beta_1 Y + \beta_2 L + \varepsilon$$

其中 C 代表消費支出，在不同的分析中，可分別以 RC 和 TC 代表社會消費品零售總額和居民消費支出總額；Y 代表消費者的收入總額，在不同的分析中，可分別以 UY 和 TY 分別代表城鎮居民可支配收入總額和城鄉居民收入總額；L 代表消費信貸增加額，在不同的分析中，可分別以 LL、SL 和 TL 代表中長期消費信貸、短期消費信貸和消費信貸總額的增加額；ε 表示殘差，代表除了消費者收入水平和消費信貸增加額以外的其他因素，以及模型設定誤差對消費支出的影響；β_0、β_1、β_2 爲待定參數，分別代表消費者的初始消費水平、收入水平及消費信貸增加額對消費支出的影響程度。

由於中國消費信貸業務的服務對象主要是城鎮居民，購買商品住宅的也主要是城鎮居民，因此，這裡的分析主要立足於城鎮居民的相關資料，只是在分析消費信貸對社會消費品零售總額的影響時，才使用城鄉居民的收入總額數據。根據模型分析的基本思路以及相關統計資料的可得性，筆者選取了 1998—2014 年的相關資料，作爲模型分析的樣本（如表 2-5 所示）。這些資料的原始出處是《中國統計年鑒》和中國人民銀行歷年的《貨幣政策執行報告》《金融機構人民幣信貸收支表（按部門）》和其他相關統計資料。由於城鎮居民可支配收入總額和農村居民純收入總額以及作爲兩者之和的城鄉居民收入總額沒有公開發布的統計數據，因而只能根據其他公開發布的相關統計數據進行推算。具體的推算方法是：先根據國家統計局公布的城鎮居民消費支出總額和人均消費支出額，以及農村居民消費支出總額和人均消費支出額，計算出納

入統計口徑的城鎮居民數和農村居民數，再分別乘以國家統計局公布的城鎮居民人均可支配收入額和農村居民人均純收入額，分別得到城鎮居民可支配收入總額和農村居民純收入總額，再把兩者相加可得到城鄉居民收入總額。

表 2-5　　　　　　　　　　　　　　樣本數據

年份(年)	社會消費品零售總額（億元）	居民消費支出總額（億元）	居民收入總額（億元）農村居民純收入	居民收入總額（億元）城鎮居民可支配收入	居民收入總額（億元）城鄉居民收入總額	消費信貸增加額（億元）中長期消費信貸	消費信貸增加額（億元）短期消費信貸	消費信貸增加額（億元）合計
	RC	TC	—	UY	TY	LL	SL	TL
1998	33,378.10	23,947.00	20,214.70	30,000.80	50,215.50	255.00	305.74	560.74
1999	35,647.90	27,104.40	20,54.72	34,362.98	55,117.70	930.70	-255.24	675.46
2000	39,105.70	31,375.90	21,069.29	39,438.40	60,507.69	2,019.20	852.30	2,871.50
2001	43,055.40	34,411.30	22,149.50	44,50.21	66,599.71	2,689.00	21.60	2,710.60
2002	48,135.90	38,059.70	22,973.57	48,604.67	71,578.24	3,406.40	272.50	3,678.90
2003	52,516.30	41,568.80	23,993.13	54,052.64	78,045.77	4,219.40	847.40	5,066.80
2004	59,501.00	47,354.40	25,840.32	62,088.34	87,928.66	3,911.30	237.40	4,146.00
2005	68,352.60	54,320.40	26,625.08	71,772.12	98,397.20	2,692.97	-571.97	2,121.00
2006	79,145.20	61,479.50	28,696.00	83,022.07	111,718.07	751.38	1,293.32	2,044.70
2007	93,571.60	74,204.80	32,874.78	102,290.64	135,165.42	8,577.54	103.76	8,681.30
2008	114,830.10	86,497.50	37,513.53	121,350.51	158,864.04	3,448.54	1,032.75	4,481.29
2009	132,678.40	95,994.70	39,576.58	134,477.90	174,054.48	15,882.36	2,241.00	18,123.36
2010	156,998.40	112,447.20	45,398.73	159,372.40	204,771.13	16,551.37	3,222.66	19,774.03
2011	183,918.60	135,456.60	54,911.35	194,761.51	249,672.86	9,654.64	3,954.54	13,609.18
2012	210,307.00	153,313.90	60,561.99	225,749.60	286,311.59	9,837.94	5,812.37	15,650.31
2013	242,842.80	170,330.40	58,712.94	248,256.47	306,969.41	18,163.34	7,190.51	25,353.85
2014	262,394.10	188,353.40	64,396.92	277,062.83	341,459.75	18,005.87	5,932.79	23,938.66

數據來源：根據國家統計局和中國人民銀行公布的數據整理和計算得到。

2.3.2 具體分析

由於中國消費信貸發展的時間較短,年度數據較少,同時受公開發布的統計資料的限制,可利用的月度數據不完整,這導致用作計量經濟分析的樣本過小,無法進行單位根檢驗和協整檢驗,只能直接進行迴歸分析。這樣做雖然會在一定程度上影響分析結論的說服力,但在這裡,迴歸分析畢竟只是用來進一步驗證前面的分析結論,就所要說明的問題而言,基本能夠滿足要求了。

(1) 消費信貸對社會消費品零售總額的影響分析

社會消費品零售總額中不包括住房、汽車等的銷售額,因而影響其變動的除了消費者的收入水平外,主要就是短期消費信貸。如果迴歸分析結果表明短期消費信貸對社會消費品零售總額的影響很小或者影響不顯著,那麼基本上就能說明短期消費信貸也存在對日常消費的擠出效應。考慮到城鎮居民和農村居民對日常消費品的消費需求差別不大,所以這裡選擇城鄉居民收入總額和短期消費信貸的增加額作為解釋變量,建立如下迴歸模型:

$$RC = \beta_0 + \beta_1 TY + \beta_2 SL + \varepsilon$$

根據表 2-5 中的相關數據,通過 Eviews 分析軟件的計算,可得到如下迴歸分析結果:

$$RC = -5,988.168 + 0.746,835TY + 0.194,428SL$$
$$(-2.434,408) \quad (26.648,19) \quad (1.758,895)$$

$$R^2 = 0.998,063 \quad \bar{R}^2 = 0.997,787 \quad F = 3,607.729$$

其中,括號內的數值為 t 檢驗值(以下同)。從上述迴歸分析結果來看,和檢驗值都很高,均通過顯著性檢驗,說明模型擬合得較好。但是,在進行單個解釋變量的顯著性檢驗時,短期消費信貸的 t 檢驗值過低(對應的 P 值高達 0.100,4),因而無法通過顯著性檢驗。由此可以判斷,與收入相比,短期消費信貸的增量對社會消費品零售總額的影響

是不顯著的。依據常規，短期消費信貸的增量理應對社會消費品零售總額有顯著的正面影響，但分析結果卻一反常態。這一反常的結果表明，消費者爲了滿足日常生活中額度較大的信貸消費，很可能壓縮了其他的非信貸消費，從而在很大程度上抵消了短期消費信貸對日常消費的刺激效應。

（2）消費信貸對消費者的消費支出總額的影響分析

在前面的分析中，儘管已經根據短期消費信貸增量變化對社會消費品零售總額的影響不顯著這一事實，在一定程度上找到了短期消費信貸對居民日常消費存在擠出效應的證據，但是，在中國消費信貸結構中，中長期消費信貸占絕大比重的事實表明，通過信貸方式滿足的消費需求中，有很大一部分是沒有納入社會消費品零售總額的統計範圍的住房、汽車等大額消費品，這可以在一定程度上對「消費信貸擠出消費」的「指控」起到「辯護」作用。因此，更有力的證據還需通過居民消費支出總額（該指標的變動既受消費者收入水平和短期消費信貸增量的影響，還受中長期消費增量的影響）對居民收入水平和消費信貸總額的增量的迴歸分析得到。考慮到目前通過消費信貸（尤其是中長期消費信貸）方式滿足消費需求的主要是城鎮居民，所以這裡以城鎮居民的消費支出總額作爲被解釋變量，以城鎮居民可支配收入總額和消費信貸總額的增量作爲解釋變量，建立如下迴歸模型：

$TC = \beta_0 + \beta_1 UY + \beta_2 TL + \varepsilon$

根據表 2-5 中的相關數據，通過 Eviews 分析軟件的計算，可得到如下迴歸分析結果：

$TC = 5,858.996 + 0.654,187UY + 0.086,694TL$

　　　(12.732,50)　(83.483,15)　　(1.170,109)

$R^2 = 0.999,680 \quad \bar{R}^2 = 0.999,634 \quad F = 21,856.92$

從這一結果中可以看出，和檢驗值都很高，均通過顯著性檢驗，說明模型擬合得較好。但是，在進行單個解釋變量的顯著性檢驗時，消費信貸增量的 t 檢驗值過低（對應的 P 值高達 0.261,5），無法通過顯著性檢驗。由此可以判斷，與城鎮居民的可支配收入總額相比，消費信貸

對城鎮居民消費支出總額的影響是不顯著的。根據目前的統計口徑，消費信貸的所有使用領域都在居民消費支出的統計範圍之內，因此，消費信貸的增加額對居民消費支出總額的變化應該有比較顯著的影響，可迴歸分析的結果卻是影響不顯著，這只能表明消費信貸在刺激「此消費」時，擠出了「彼消費」，從而使其對消費的刺激效應在很大程度上被抵消掉了。其實，即使通過顯著性檢驗，也改變不了這一結論。從上述迴歸結果中可以看出，如果通過了顯著性檢驗，則表明消費信貸每增加1元，所能刺激的消費也只有0.09元左右。按照目前的規定，消費信貸額度佔消費品價款的比例通常掌握在70%左右（即首付比例為30%左右），據此計算，每1元消費信貸所能拉動的消費應該在1.40元左右（$1 \div 0.7 \approx 1.428,6$），如果再考慮到消費者的流動性約束被消費信貸突破後所增加的消費，每1元消費信貸所能拉動的消費還應該高於這一數值，可迴歸分析的結果卻與該數值相差甚遠，況且，還無法通過顯著性檢驗。

2.3.3 對計量經濟分析的總結

上述分析表明，消費信貸無論是對社會消費品零售總額，還是對消費者的消費支出總額，都存在明顯的擠出效應。雖然因樣本過小，可能在一定程度上對擠出效應的嚴重性有所誇大，但是，這裡的迴歸分析畢竟是在前面的一般分析已經得出基本結論的基礎上進行的，就進一步驗證一般分析的結論而言，這樣的結果已經具有足夠的說服力了。

在這裡，還要再次強調，消費信貸的消費擠出效應是客觀存在的，只是在不同的時間和空間中嚴重程度不同而已。與消費信貸業務比較成熟的國家相比，中國消費信貸對消費的擠出效應是非常嚴重的。林曉楠（2006）把1990—2004年的美國年度個人消費總額對年度國民收入和年度消費信貸增加額作了迴歸分析。從迴歸結果來看，無論是模型本身還是各個解釋變量，都通過了顯著性檢驗，而且從迴歸系數來看，消費信

貸業務的開展還能對居民消費在一定程度上產生放大效應：每增加 1 美元的消費信貸，能夠帶動 1.12 美元的居民消費。[①] 雖然可能也存在一定的擠出效應（如果貸款比例也掌握在 70% 左右，在沒有刺激效應的情況下，拉動的消費應該達到 1.4 美元左右），但這種擠出效應顯然已經是很輕微的了，至少消費信貸在刺激消費問題上沒有「得不償失」。從與美國的消費信貸效應的對比中，可以更清楚地看出消費信貸對消費的擠出效應在中國的嚴重程度。

---

① 林曉楠. 消費信貸對消費需求的影響效應分析 [J]. 財貿經濟，2006（11）.

3 擠出效應的形成機理

前面的分析已表明，在中國，消費信貸對消費的擠出效應是客觀存在的，而且比較嚴重。從表面上看，導致消費信貸擠出消費的原因分爲直接和間接兩個方面。前者源於累積首付款和還本付息的壓力；後者源於消費信貸對投資信貸的替代而造成的消費者收入相對減少。但是，要真正理解消費信貸擠出消費的本質原因及其影響因素，則還需探析其形成機理，這就是本部分所要研究的內容。

3.1 消費信貸對消費的直接擠出效應的形成機理

就對消費的刺激效應而言，消費信貸之所以能發揮這一功能，是因爲其固有的跨期平滑消費的功能削弱了消費者的儲蓄動機。理論界人士很多持這樣的觀點：消費信貸可以把消費函數中的收入，從當期收入轉化爲持久性收入或終生收入，從而弱化消費者的流動性約束和儲蓄動機，對當前消費產生倍加的擴張作用。其中，對消費者流動性約束的弱化體現爲消費信貸對消費的直接拉動效應，對消費者預防性儲蓄動機的弱化表現爲消費信貸對消費的誘導效應，這就是消費信貸對消費的直接刺激效應的兩大組成部分。消費信貸對消費產生的倍加的擴張作用正是源於消費信貸對消費的誘導效應。就單筆消費信貸而言，其對消費所產生的擴張效應的倍數至少應爲 $\frac{1}{1-t}$，其中，$t \in (0, 1)$，爲貸款占信

貸消費品價款的比例。由此可以看出，消費信貸對消費的直接刺激效應中的很大一部分是通過消費信貸的誘導，使消費者的儲蓄動機弱化而實現的，這是形成消費信貸對消費的直接刺激效應的基本條件之一。與此相對應，消費信貸對消費的直接擠出效應必然來源於消費信貸對消費者儲蓄動機的強化。因此，如果消費者在消費信貸的誘導下，一種儲蓄動機被削弱，同時另一種儲蓄動機被強化，那麼，消費信貸對消費的直接擠出效應就形成了。事實上，消費者為累積首付款和還本付息的資金而在一定程度上「節衣縮食」，正是消費信貸誘導消費者增強儲蓄動機的具體表現。基於這樣分析，要深入探析消費信貸對消費的直接擠出效應的形成機理，就必須在正確理解儲蓄與消費的關係的基礎上，探析消費信貸對儲蓄行為和儲蓄動機的影響，以此來得出相應的分析結論。

3.1.1 儲蓄與消費的關係

為正確理解儲蓄與消費之間的關係，有必要對這裡所說的儲蓄的外延作一個簡單的界定。從儲蓄的外延來看，有廣義儲蓄和狹義儲蓄之分。前者既包括貨幣儲蓄，也包括實物儲蓄和各種投資行為；後者則僅指以銀行儲蓄存款方式表現出來的儲蓄。就本書所要研究的問題而言，這裡所說的儲蓄既不是狹義的儲蓄，也不是完全意義上的廣義儲蓄，而是介於狹義儲蓄和廣義儲蓄之間的一個範疇。如果從貨幣層次劃分的角度來看，那麼，這裡所說的儲蓄則隸屬於 M3，即是以手持現金、銀行儲蓄存款、短期銀行理財產品、短期信託產品、金融債券、可轉讓大額定期存款，以及其他短期證券投資等方式表現出來的儲蓄。

（1）兩類不同性質的儲蓄

這些儲蓄可以依據不同的標準對其進行不同的分類，按期限長短可分為中長期儲蓄和短期儲蓄；按期限是否固定可分為定期儲蓄和活期儲蓄；按儲蓄方式可分為貨幣儲蓄和其他金融資產儲蓄；按儲蓄的動機可分為預防性儲蓄和目標儲蓄。而與這裡所要研究的問題密切相關的，則

是最後一種分類方法，即按動機進行的分類。

預防性儲蓄是指爲應對未來的不確定性而進行的儲蓄。儲蓄行爲是貨幣需求行爲的一種表現，按照凱恩斯（1931）在其著作《就業、利息和貨幣通論》中所提出的觀點，消費者的貨幣需求動機有交易動機、預防動機和投機動機三種，從這一意義上理解，則預防性儲蓄正是消費者的預防性貨幣需求動機在儲蓄行爲上的體現。凱恩斯認爲，預防性貨幣需求與人們的收入水平正相關。據此，可以推斷出預防性儲蓄動機的強弱也與居民的收入水平正相關。但是，這絕不意味著收入水平是影響預防性儲蓄動機的唯一因素，更不能狹義地理解爲消費者收入水平越高，預防性儲蓄就越多。因爲除了收入水平外，預防性貨幣需求的動機還受其他一系列因素的影響，其中未來收入和支出的不確定性對消費者預防性貨幣需求動機的影響極其重大。凱恩斯是在假定其他因素（包括影響未來不確定性的因素）不變的情況下，提出預防性貨幣需求與收入正相關這一觀點的。基於此，在以預防性貨幣需求爲縱軸，消費者的收入水平爲橫軸的坐標系中，消費者的預防性貨幣需求表現爲一條向右上方傾斜的曲線，而影響未來不確定性的各因素變化所產生的影響，則表現爲預防性貨幣需求曲線的上下平移。相應地，在以預防性儲蓄爲縱軸，以消費者收入水平爲橫軸的坐標系中，預防性儲蓄曲線也表現爲一條向右上方傾斜的曲線，而影響未來不確定性的各因素變化所產生的影響也表現爲預防性儲蓄曲線的上下平移（如圖3-1所示）。

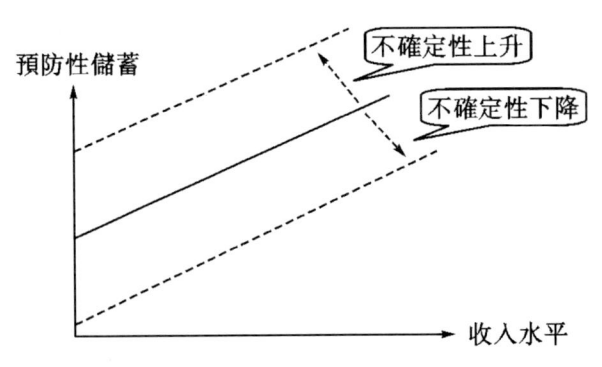

圖3-1 收入水平、不確定性與預防性儲蓄的關係

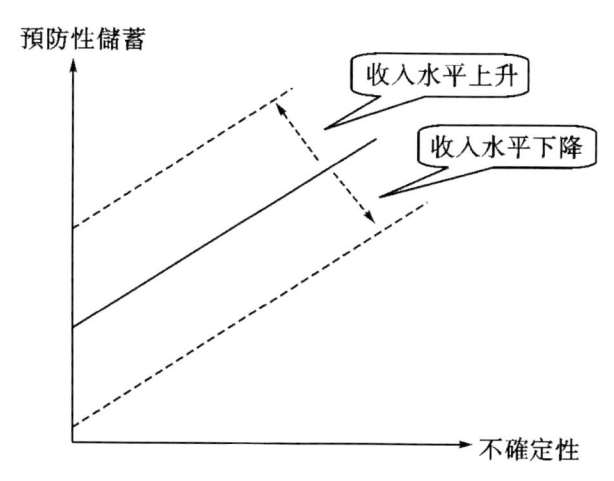

从图 3-1 中可以清楚地看出，在消费者的收入水平既定的情况下，消费者的预防性储蓄动机将随著未来不确定性的上升或下降而相应地上升或下降。换句话说，预防性储蓄动机与消费者面临的不确定性正相关。如果对图 3-1 略作变动，把横轴改为消费者面临的不确定性，使不确定性对预防性储蓄的影响表现为预防性储蓄水平在曲线上的滑动，收入水平的变动对预防性储蓄所产生的影响表现为曲线的平移，则不确定性与预防性储蓄动机之间的正相关关系将表现得更为清晰（如图 3-2 所示）。

图 3-2　收入水平、不确定性与预防性储蓄的关系

随著世界经济一体化程度的进一步加深，经济活动中「牵一发而动全身」的现象将更为普遍，在世界经济领域任何一个角落中发生的细微事件，都可能在「蝴蝶效应」[①]的作用下，对整个世界经济发展产生重

---

① 蝴蝶效应（The Butterfly Effect），又称拓扑学连锁反应，是指在一个动力系统中，初始条件下微小的变化能带动整个系统长期的巨大的连锁反应，这是混沌现象的一种表现形式。「蝴蝶效应」之说源自美国气象学家爱德华·罗伦兹（Edward N. Lorenz）在解释混沌学时的一个形象的比喻，即「一只南美洲亚马逊河流域热带雨林中的蝴蝶，偶尔扇动几下翅膀，可以在两周以后引起美国德克萨斯州的一场龙卷风。」其原因就是蝴蝶扇动翅膀的运动，导致其身边的空气系统发生变化，并产生微弱的气流，而微弱的气流的产生又会引起四周空气或其他系统产生相应的变化，由此引起一个连锁反应，最终导致其他系统的极大变化。在经济学中，蝴蝶效应的引申意义是指经济的某个领域或者某个环节中偶然发生的细小的事件，可能会在经过一系列的传导和「发酵」以后，引起部分甚至整个经济系统的巨大震荡。

大影響。從這一意義上說，人們所面臨的經濟領域的不確定性將隨著世界經濟一體化程度的加深而進一步上升。而對於中國的消費者而言，面臨的不確定性則更大。這是因為，從外部來看，融入世界經濟體系後，在世界經濟的風雲變幻中，中國消費者很難「獨善其身」；從內部來看，中國經濟體制和經濟運行方式仍處於進一步變革的過程中，各種利益格局的調整遠未到位，而「摸著石頭過河」的變革思路又使得利益格局調整趨勢的透明度嚴重不足，加之社會保障體系不健全，使中國消費者很難對未來的收入和支出變化作出一個較為可靠的預期。因此，中國的消費者有更強的預防性儲蓄動機。在這種情況下，如何削弱消費者的預防性儲蓄動機，就自然成了刺激消費、擴大內需的過程中必須重點解決的問題。

　　目標儲蓄是指為實現特定的消費目標或投資目標而進行的儲蓄。通常認為，儲蓄是將暫時閒置的貨幣資金以銀行儲蓄存款或其他金融資產的方式儲存起來的行為。這裡所說的貨幣資金「閒置」包括絕對閒置和相對閒置兩種情況。前者是指在所有消費需求和投資需求均已得到滿足以後出現的貨幣資金閒置；後者是指為實現某些特定的消費目標或投資目標而累積的貨幣資金尚不足以實現這些目標的情況下形成的閒置，這正是目標儲蓄的產生原因。因此，從本質上看，目標儲蓄不是貨幣資金多餘的結果，而恰恰是貨幣資金不足的表現形式。

　　目標儲蓄產生的前提是消費者心中有明確的消費或投資目標，而這種目標能否在消費者心目中得到確立，又取決於消費者在現行約束條件下實現該目標的可能性。如果在現行約束條件下，消費者具備實現這種目標的可能性，則該目標就能在消費者心目中確立，相應的目標儲蓄行為就會產生；反之，如果在現行約束條件下，消費者不具備實現這種消費目標或投資目標的可能性，則該目標就不可能在消費者心目中確立，相應的目標儲蓄行為也就不會發生（例如，一個普通的農民是不可能把一線城市中的豪華別墅作為自己的消費目標的，也不會為實現這一目標而儲蓄），在這種情況下，消費者的儲蓄行為就表現為單一的預防性儲蓄行為。

　　在經濟生活中，影響消費者實現某些消費目標或投資目標的可能性

的因素在不斷地發生變化，消費者的消費目標或投資目標也會隨著這些因素的變化而得到強化或者削弱甚至消失，而另外一些消費目標或投資目標則可能得到確立。相應地，消費者的目標儲蓄動機和行爲也處於動態變化的過程中，隨著實現相關消費目標或投資目標的可能性的變化而被強化或削弱甚至消失，而旨在實現新的消費目標或投資目標的目標儲蓄行爲則不斷地產生。隨著消費環境的不斷改善，原先不可能實現的消費目標或投資目標，將逐漸變得可能，而且，人們的慾望通常是無限的，當原先的消費目標或投資目標實現後，又會產生新的目標，這使消費者的目標儲蓄行爲和動機在總體上處於一個不斷被強化的過程中。在這種情況下，如何正確處理消費者的目標儲蓄動機與消費之間的關係，同樣也是在刺激消費、擴大內需的過程中必須解決的問題。只是在這一過程中，刺激消費的著眼點被放在了削弱消費者的預防性儲蓄動機上，因而這一問題被忽視了。

（2）儲蓄對消費的影響

儲蓄對消費的影響通常表現爲兩種效應：一是儲蓄對消費的替代效應；二是儲蓄對消費的收入效應。

儲蓄對消費的替代效應是指在消費者收入水平一定的情況下，消費隨著儲蓄的上升而下降，反之亦然。這一效應從廣義儲蓄的角度來看非常直觀，在消費者收入不變時，儲蓄與消費之間必然呈現出此增彼減的關係，且增減的額度相同，這是因爲消費者對自身所取得的收入的處置方式只有廣義儲蓄和消費兩種。但如果從本書中界定的儲蓄範疇來看，則情況較爲複雜。只有在沒有納入本書所界定的儲蓄範疇的各種投資保持不變的情況下，儲蓄與消費之間才會有完全的替代關係，否則，就有可能僅是部分替代。

儲蓄對消費的收入效應是指，由於消費者的收入（包括實際收入和預期收入）水平隨著儲蓄的增加而提高，從而在既定的消費傾向下使消費水平上升的效應。在這裡，消費者增加的收入來源於兩個方面：一是儲蓄利息收入；二是儲蓄轉化爲投資後，導致產出增加而使消費者相應地增加的收入。

替代效應和收入效應是兩種方向相反的效應，儲蓄對消費的最終影響是這兩種效應相抵以後的結果。那麼，這兩種效應何者爲大呢？換句話說，消費究竟是隨著儲蓄的增長而增長，還是隨著儲蓄的增長而減少呢？要正確回答這一問題，必須區分「長期」和「短期」這兩種不同情況。從短期來看，消費者得到的利息收入只占本金的極小比例，因儲蓄轉化爲投資後導致產出增加而使消費者相應地增加的收入也很有限，再加上邊際儲蓄傾向對收入產生的「分流」作用，以及收入變化對消費的影響的滯後性，收入效應是不可能彌補替代效應的。因此，在短期內，儲蓄對消費的最終影響必然表現爲消費隨著儲蓄的增加而減少。但從長期來看，由於利息收入的日積月累，再加上儲蓄轉化爲投資後導致的GDP增長使消費者的收入相應增加，以及收入對消費的滯後效應逐步顯現，即使有邊際儲蓄傾向對消費者收入的「分流」，儲蓄對消費產生的收入效應也很有可能會超過替代效應，從而使消費隨著儲蓄的增長而增長。

既然這樣，那麼到底應該站在哪個「角度」來看待儲蓄對消費的影響呢？是站在「短期」的「角度」得出「儲蓄對消費有著負面影響」這一確定無疑的結論，還是站在「長期」的角度得出「儲蓄對消費有著正面影響」這一「莫須有」的結論呢？這就必須結合本書所要研究的內容來回答了。本書所要研究的內容是消費信貸對消費的擠出效應，擠出效應是相對於消費信貸對消費的刺激效應而言的，從本質上看，本書是在一個特定的視角下「透析」消費信貸的功能。消費信貸的基本功能是刺激即期消費，即通過突破或削弱消費者的流動性約束，幫助消費者「用明天的錢」來「圓今天的夢」。從中可以看出，消費信貸功能發揮的過程有著明顯的「短期行爲」色彩。因此，圍繞本書的研究目的，並結合消費信貸的這一功能特徵，在看待儲蓄對消費的影響時，必須立足於「短期」，即把著眼點放在儲蓄對消費的負面影響上。在這一前提下，就不難理解，當儲蓄動機和行爲被遏制或削弱時，即期消費就會上升；反之，當儲蓄動機和行爲得到強化時，即期消費就會下降。因此，在刺激消費、擴大內需的過程中，如何有效地遏制或削弱消費者的儲蓄動機和儲蓄行爲就成爲了關注的重點。

3.1.2 消費信貸對儲蓄行爲和儲蓄動機的影響

既然在短期內儲蓄的變化對消費有著負面影響，也就是即期消費會隨著當期儲蓄的增長而下降，那麼，如何有效地遏制和削弱消費者的儲蓄動機和儲蓄行爲，就成了有效刺激即期消費的關鍵，消費信貸刺激消費的著力點亦正在於此。如果把消費信貸看作刺激消費的政策手段，把即期消費的上升看作消費信貸政策的最終目標，那麼，消費者的儲蓄水平就成了典型的仲介目標，正如貨幣政策的仲介目標一樣，消費者的儲蓄水平這一仲介目標同樣具有可測性、可控性和與最終目標的相關性特點（由於這一問題已超出本書研究的範圍，所以在此不贅述）。

一般地說，由於不確定性的存在，使居民不得不推遲某些現期消費，因爲居民的預防性動機使其不能動用儲蓄來增加現期支出，否則未來的消費難以得到保證（齊天翔，李文華，1998）[1]。在存在信貸約束（Borrowing Constraint）的情況下，居民的這種預防性動機得到了強化。從理論上講，「恆久收入—生命週期」理論假設個人能夠在有能力按期還本付息的基礎上，以同樣的利率水平借入和儲蓄，但事實上，居民的各種借款都是在高於儲蓄利率的情況下獲得的，並且在額度上還不能達到自己所希望的量，同時，還有很多人因條件限制而借不到款，這就是所謂的「信貸約束」[2]。信貸約束有一個影子價格[3]，所起的作用類似於

---

[1] 齊天翔，李文華.貨幣化進程中的居民儲蓄增長分析 [J].金融研究，1998（11）.

[2] 齊天翔，李文華.貨幣化進程中的居民儲蓄增長分析 [J].金融研究，1998（11）.

[3] 所謂「影子價格」，就是指某項有限資源，在某一特定的經濟環境中變動一個單位的邊際價值。在線性規劃問題中，對於任何一個極大問題，都有一個極小問題與之相對應；反之亦然。其中，一個問題稱爲原問題，與之對應的另一個問題就稱爲對偶問題，兩者包含著完全相同的數據，相互之間有著密切的關係，這就是線性規劃的對偶理論。在對偶理論中，對偶問題的經濟解釋就是「影子價格」，其實質就是某項資源在某一特定的經濟結構中，利用最優規劃原理所確定的邊際價值。

利率。信貸約束的增強,類似於利率水平的提高;反之,則類似於利率水平的下降。通常,當消費者現有資源較少,同時面對較高的利率時,就可能不選擇借貸方式來平滑當期的消費,那麼,就只能降低消費水平了。因此,信貸約束會刺激消費者增加儲蓄,以確保在未來收入下降時,消費水平不下降。長期以來,對中國消費者而言,信貸約束和不確定性是一直存在的,這使消費者長期處於高儲蓄、低負債甚至零負債的狀態中。從本質上看,由於信貸約束的存在,消費者在面對未來的不確定性時,只能將個人儲蓄作為一種特殊的「保險」手段,以此來化解未來收入下降或支出增加給個人或家庭生活造成的不利影響。如果信貸約束被解除或削弱,消費者就可能通過減少儲蓄來增加當期的消費,而當未來出現預期之外的收入減少或支出增加時,可通過借貸方式來解決問題。由此可以看出,作為緩解消費者信貸約束的重要手段,大力發展消費信貸業務顯然是削弱和遏制消費者的儲蓄動機和儲蓄行為的一項非常有效的措施。

但是,上述分析存在一個重大缺陷,那就是僅僅立足於不確定條件下消費者的預防性動機,分析的只是消費信貸對預防性儲蓄動機和行為的影響;相應地,得出的結論也只能適用於預防性儲蓄,對消費者的目標儲蓄動機和行為的影響還需另行分析。本書在論述兩類不同性質的儲蓄時已經提到,消費者的目標儲蓄行為是否發生,取決於消費者心目中是否已確立相應的消費目標或投資目標,而這又受制於實現這些消費目標或投資目標的可能性。應該說,影響這種可能性的因素有很多,消費者面臨的流動性約束(信貸約束是其主要表現形式)無疑是其中重要的一部分。隨著消費信貸業務的迅速發展,消費者面臨的流動性約束將會在很大程度上被突破,這就使消費者實現某些消費目標或投資目標的可能性大大增強,這些目標就會從潛在狀態轉化為現實狀態,在消費者心目中得以確立,消費者的目標儲蓄行為也會因此而得以強化。因此,如果立足於消費者的目標儲蓄動機來分析,則必然會得出與立足消費者的預防性動機而作的分析截然相反的結論。

綜合前述分析,消費信貸對消費者的儲蓄動機和行為的影響其實是

一柄「雙刃劍」，在削弱和遏制消費者的儲蓄動機和行爲的同時，也在另一個方面強化著這種動機和行爲。

3.1.3 消費信貸對消費的直接擠出效應的形成

消費信貸業務的開展強化了消費者的目標儲蓄動機，會使消費者在適當減少預防性儲蓄的同時，增加目標儲蓄，而目標儲蓄的增加，無疑會在消費者收入水平既定的情況下，使消費減少，這就形成了消費信貸對消費的直接擠出效應。

依據形成原因，消費信貸對消費的直接擠出效應可分爲首付款累積效應和本息償還效應，這在本書的第一部分中已經作了相應的分析；依據結果，可把消費信貸對消費的直接擠出效應分爲絕對擠出效應和相對擠出效應兩類。

在消費者收入水平既定的情況下，如果消費者目標儲蓄的增加額沒有超過預防性儲蓄的減少額，則表明儲蓄總額隨著消費信貸的增加而減少，消費信貸刺激消費的功能得到了比較充分地發揮；反之，如果目標儲蓄的增加額超過了預防性儲蓄的減少額，則表明儲蓄總額隨著消費信貸的增加而增加，消費信貸刺激消費的功能發生了嚴重的「漏損」，由消費信貸而啓動的消費額低於消費信貸本身的額度，這就是消費信貸對消費的絕對擠出。在出現消費信貸絕對擠出消費的情況下，雖然消費仍然會隨著消費信貸的增加而增加，但增加額度只能在消費信貸自身的額度之內，消費信貸不僅喪失了對消費的誘導效應，甚至自身的「本能」也受到了「侵蝕」。

消費信貸對消費的相對擠出的含義是指，由於消費信貸對消費者目標儲蓄的強化作用，使消費者本應用於消費的貨幣資金轉化成了目標儲蓄，以致削弱了對消費的刺激作用，但目標儲蓄的增加額小於在消費信貸的「誘導」下預防性儲蓄的減少額。在這種情況下，雖然因消費信貸的刺激而增加的消費額會超過消費信貸本身的額度，消費信貸的「本

能」得到了保護並發揮了自身的功能，但是這種功能的發揮是不充分的。

在中國現實經濟條件下，至少有兩大原因會強化消費信貸對消費的直接擠出效應。這兩大原因是：①在透明度並不高的體制改革和利益格局調整尚未到位的情況下，面對巨大的不確定性和尚不健全的社會保障體系，以及自身在養老、醫療、職業安全感和子女教育等方面的巨大壓力，消費者不大可能在預防性儲蓄方面對即期消費作出太大的「讓步」；②在把消費信貸作爲刺激消費、擴大內需的「靈丹妙藥」而加以大力推崇的情況下，各種政策誘導和宣傳攻勢極易使消費者不顧自身的儲蓄能力，縮短累積首付款的期限，通過「擠壓」非信貸消費的方式，使每期爲累積首付款而增加的目標儲蓄額超過因消費信貸導致流動性約束的緩解而減少的預防性儲蓄額。同時，「有多少錢辦多少事」傳統消費觀念和不夠成熟的負債消費觀念的衝突，又會使消費者盡可能把貸款期限縮短，並通過擠壓非信貸消費的方式，來滿足因此而增加的每期還本息的資金需求。

3.2 消費信貸對消費的間接擠出效應的形成機理

與直接擠出效應不同，消費信貸對消費的間接擠出效應是通過擠壓投資信貸，並進而借助於 GDP 的傳導而產生的。因此，要正確理解消費信貸對消費的間接擠出效應的形成機理，必須首先明確消費信貸與投資信貸之間的關係，以及消費信貸和投資信貸對居民收入的影響，在此基礎上，才能對消費信貸間接擠出消費的機理作出探析。

3.2.1 消費信貸與投資信貸之間的關係

從表面上看，消費信貸和投資信貸只是依據貸款投放的領域對其所作的分類而已。消費信貸用於滿足借款人的消費活動；投資信貸用於滿足借款人的投資活動，從這一意義上看，兩者之間的關係是非常清晰的，似乎兩者之間能夠做到「各人自掃門前雪」且「井水不犯河水」。但是，如果單純且孤立地從這一視角來看待兩者之間的關係，則未免過於淺顯了些。因為經濟現象之間有著普遍聯繫，表面上「風馬牛」不相及的現象之間尚且有著很多不為人所察覺的關聯關係（「蝴蝶效應」所指的就是這種情況），何況「血緣關係」那麼親近的消費信貸和投資信貸呢？所以，要對消費信貸和投資信貸之間的關係做出客觀全面的理解，還必須把它們置於整個市場環境中，從不同的視角來分析兩者之間的關係。

首先，從消費品的供給與需求來看，兩者之間存在明顯的互補關係。投資信貸的增加無疑有助於投資規模的擴大，並使產出增加，從長遠來看，消費品的供給也會因此而增加；消費信貸的增加無疑有助於消費需求的擴大。如果僅有消費品供給的增加，卻沒有相應的消費需求的增加，那麼，投資就無法向最終消費轉化，整個經濟的運行也將變得低效甚至無效；同樣的道理，如果僅有消費需求的上升，卻無相應的消費品的供給增加，則需求過旺、供給不足的局面就會出現，通貨膨脹也就難以避免。自中國在20世紀90年代後期告別短缺經濟時代以來，需求不足一直是制約中國經濟發展的重要因素，這裡所說的需求既包括消費需求，也包括投資需求，兩者可以合稱為「內需」，而這兩種需求之間又存在互補關係。因此，合理搭配消費信貸和投資信貸之間的「組合」，不僅是有效刺激內需的必有舉措，也是減少消費信貸在刺激消費的過程中效應「漏損」的必然要求。

其次，從資源的有限性來看，消費信貸與投資信貸之間的替代關係

很明顯。資源是有限的,而需求往往是無限的,有限的資源滿足了此需求,必然會降低對彼需求的滿足程度。無論是消費信貸還是投資信貸,兩者都處在可供的信貸資金總額的約束下,消費信貸多了,投資信貸必然相對減少。即使商業銀行處於嚴重的流動性過剩狀態下,消費信貸和投資信貸之間的替代關係也是很明顯的,因爲商業銀行不可能出於對利潤最大化目標的追求而置風險於不顧,無原則地滿足所有的信貸需求。

上述分析表明,維持消費信貸與投資信貸之間的合理「組合」是有效發揮信貸功能的必然要求,而信貸資源的有限性又使兩者之間相互替代不可避免。因此,儘管有著保持兩者合理「組合」的客觀要求,具體在消費和投資這兩個領域對有限的信貸資源作出配置時,卻常常出現「不是東風壓倒西風,就是西風壓倒東風」的格局。那麼,在具體的信貸活動中,到底是消費信貸擠出投資信貸,還是投資信貸擠出消費信貸呢?這主要取決於商業銀行的行爲取向。

在信息不對稱的條件下,銀行的信貸配給行爲是不可避免的。所謂「信貸配給」,是指在既定的利率條件下,面對超額的資金需求,銀行因無法或不願提高利率,而採取一些非利率的貸款條件,使部分資金需求者退出銀行借款市場,以消除超額需求而使市場達到平衡。[①] 在一定程度上說,無論是消費信貸對投資信貸的擠壓,還是投資信貸對消費信貸的擠壓,都是信貸配給的具體表現。信貸配給行爲產生的主要原因是在信息不對稱條件下,銀行對信貸資金的安全性和效益性的擔憂,銀行通常會把有限的信貸資金配置到其對安全性和效益性較少擔憂的經濟領域。消費信貸在中國的快速發展得益於其抵押貸款的特性所導致的商業銀行對信貸資金的安全性和效益性的較少擔憂,而這一種信貸方式的迅

---

① 事實上,由於信息不對稱,銀行即使能夠而且也願意通過利率手段(即在確定每筆貸款的具體利率水平時加入風險溢價)使部分不合格的資金需求者退出借款市場,這種方法也不具備可操作性。在這種情況下,銀行在確定貸款的利率水平時通常只能採取折衷的方法,其結果是導致合格借款人退出借款市場,雖然在表面上能夠消除超額資金需求而使市場達到平衡,實際上卻會導致市場的不斷萎縮。

速崛起必然會損害原本就因抵押品不足而在融資方面處於劣勢地位的中小企業的利益，這是目前在商業銀行的行爲取向下消費信貸擠出投資信貸的主要表現形式。根據《中華人民共和國商業銀行法》（以下簡稱《商業銀行法》）的規定，幾乎所有貸款均被要求以抵押、質押或保證的形式發放，信用貸款所占的比重微不足道，再加上銀行貸款的利率浮動幅度非常有限，中小企業的信用配給問題廣泛存在（蔡浩儀，徐忠，2005）[1]。中國商業銀行發放的消費貸款通常要求以不動產（如住房）或價值較高的實物（如汽車）作抵押，這不但符合《商業銀行法》的要求，而且風險也較小。在這種情況下，中國的商業銀行將大量的信貸資金從投資領域轉向消費領域也就是順理成章的事了，從而使中小企業的信用配給程度進一步加重。這一現狀在表3-1和圖3-3所示的近二十年來商業銀行的消費信貸在信貸總額中所占的比重非常強勁的上升態勢中，可見一斑。

表3-1　消費信貸規模及其在信貸總額中所占的比重

年份	信貸總額（億元）	消費信貸總額（億元）	消費信貸占信貸總額的比重（%）
1997	74,914.10	172	0.23
1998	86,524.10	732.74	0.85
1999	93,734.30	1,408.20	1.5
2000	99,371.07	4,279.70	4.3
2001	112,314.70	6,990.30	6.22
2002	131,293.93	10,669.20	8.13
2003	158,996.23	15,736.00	9.90
2004	177,363.49	19,882.00	11.21
2005	194,690.39	22,003.00	11.30
2006	225,285.28	24,047.70	10.67

---

[1]　蔡浩儀，徐忠. 消費信貸、信用分配與中國經濟發展［J］. 金融研究，2005（9）.

表3-1(續)

年份	信貸總額 （億元）	消費信貸總額 （億元）	消費信貸占信貸 總額的比重（%）
2007	261,690.88	32,729.00	12.51
2008	303,394.65	37,210.29	12.26
2009	399,684.82	55,333.65	13.84
2010	479,195.55	75,063.64	15.66
2011	581,892.50	88,777.85	15.26
2012	629,909.64	104,357.17	16.57
2013	718,961.46	129,721.02	18.04
2014	816,770.01	153,659.68	18.81
2015	939,540.16	189,519.83	20.17

數據來源：信貸總額及消費信貸總額來自中國人民銀行《金融機構人民幣信貸收支表（按部門）》(1999—2015)、中國人民銀行貨幣政策司《中國消費信貸發展報告》、中國人民銀行貨幣政策分析小組《2006年中國區域金融運行報告》，以及每年的《貨幣政策執行報告》。消費信貸占信貸總額的比重系根據前述數據計算得到。

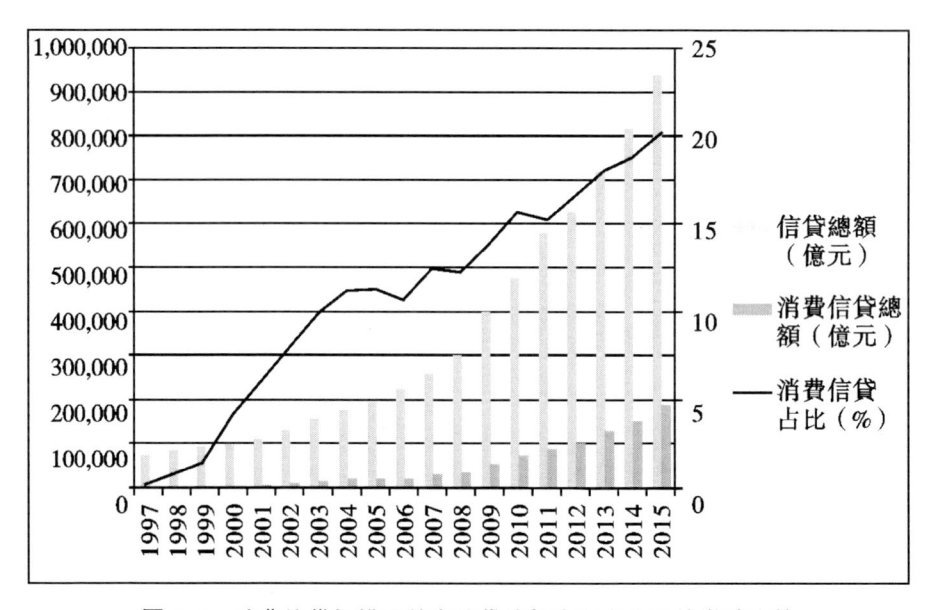

圖3-3 消費信貸規模及其在信貸總額中所占比重的變動趨勢

3.2.2 消費信貸、投資信貸與居民收入之間的關係

要理解消費信貸、投資信貸與居民收入之間的關係，首先必須明確消費、投資與國內生產總值（GDP）之間的關係。如果按支出法核算國內生產總值，那麼國內生產總值的組成部分就有四個方面，分別是消費、政府支出、投資和淨出口。其中，政府支出也可理解為政府消費，它與個人消費合稱為消費。這樣，國內生產總值的形成就可以表示為 $GDP = C + I + X$，其中，C 代表消費，包括個人消費和政府消費，I 代表投資（即資本形成），X 代表淨出口，這就是通常所說的拉動國內經濟增長的「三駕馬車」。由此可見，直接作用於消費的消費信貸和直接作用於投資的投資信貸，是影響國內生產總值增減的重要因素。

國內生產總值的增減會通過以下傳導過程影響消費者可支配收入的變化：①國內生產總值加上本國資產在國外的產出，再減去外國資產在國內的產出，得到國民生產總值（GNP）；②國民生產總值減去資本消耗提存與資本消耗調整額後，可得到國民生產淨值（NNP）；③國民生產淨值減去企業間接稅和轉移支付，加上政府企業當期盈餘與政府津貼之差，可得到國民收入（NI）；④國民收入減去公司所得稅和社會保險稅以及企業未分配的利潤，加上政府對個人的轉移支付和政府對個人支付的利息淨額，以及消費者支付的利息和企業的轉移支付，並在調整存貨估價和資本消耗後，可得到個人收入（PI）；⑤個人收入減去個人所得稅後可得到個人可支配收入（DPI）。[①]

消費信貸和投資信貸對消費者可支配收入的影響，是通過具體的消費和投資活動（包括基礎設施投資、固定資產投資和存貨投資）傳導的。在不考慮其功能的「漏損」的情況下，消費信貸和投資信貸的增加，會在自身的直接作用和「誘導」效應的作用下，使消費和資本形

---

① 宋承先. 現代西方經濟學（宏觀經濟學）[M]. 上海：復旦大學出版社，1997：59.

成額（即實質性投資）發生相應地增加，這個增加額也同時反應為國內生產總值的增加，然後通過上述傳導過程，在消費者的可支配收入上得到相應的反應。這就是消費信貸、投資信貸與居民收入之間的關係。

3.2.3　消費信貸對消費的間接擠出效應的形成

　　上述分析表明，無論是消費信貸還是投資信貸的增減，最終都會在消費者可支配收入的變化中得到相應的反應。通常，這種反應是正向的。如果商業銀行在既定規模的信貸資源約束下，為了滿足消費者的消費信貸需求而相應地壓縮對投資信貸需求的滿足，那麼，投資信貸對消費者可支配收入增長的推動作用就被削弱了，從而在消費者既定的消費傾向下，消費水平就會相對下降。事實上，這就是對消費信貸的功能和作用的一種「抵扣」，消費信貸對消費的間接擠出效應就是這樣形成的。

　　與直接擠出效應一樣，消費信貸對消費的間接擠出效應，按其結果的具體表現，同樣可分為絕對擠出和相對擠出兩種情況。

　　絕對擠出是指消費信貸替代投資信貸後，消費者的可支配收入因投資信貸減少而減少的數額，超過了因消費信貸增加而增加的數額，消費者可支配收入的水平因消費信貸對投資信貸的替代而絕對減少，從而使既定消費傾向下的消費也絕對減少這樣一種現象。

　　相對擠出則正好相反，是指消費信貸替代投資信貸後，消費者的可支配收入因投資信貸減少而減少的數額，小於因消費信貸增加而增加的數額，消費者可支配收入的水平因消費信貸對投資信貸的替代而相對減少，從而使既定消費傾向下的消費也相對下降這樣一種經濟現象。事實上，在發生相對擠出的情況下，消費者的可支配收入水平和既定消費傾向下的消費水平在總量上都會表現為上升。如果單純考慮刺激消費的目的，那麼，產生消費信貸對消費的相對的間接擠出效應對推動消費增長是有利的。

4 擠出效應的衡量

在明確了消費信貸對消費的直接擠出效應和間接擠出效應的形成機理後，接下來需要探討的問題就是如何來正確測度擠出效應的大小，這就是對擠出效應的衡量問題。當然，衡量消費信貸對消費的擠出效應，不是，也不可能在任何時空條件下明確無誤地回答消費信貸到底擠出了多少消費，因為在不同的時空中，影響擠出效應大小的因素及其影響程度在發生變化，在這裡所能做到的只是根據經濟現象之間的聯繫，從理論上推斷出測度擠出效應大小的一般方法。至於在各種具體條件下，消費信貸對消費的擠出效應到底有多強這一問題，則可利用該方法，根據各經濟變量的具體表現，通過計算以後作出回答。

4.1 消費信貸對消費的擠出效應的衡量標準的選擇

正確衡量消費信貸對消費的擠出效應，是正確把握消費信貸的政策力度，合理發揮消費信貸功能的前提條件。而要正確衡量消費信貸對消費的擠出效應，科學地選擇衡量標準則是首要條件。只有在科學選擇衡量標準的基礎上，才能得出判斷直接擠出效應和間接擠出效應大小的基本方法。

4.1.1 衡量標準的多樣性及其缺陷

在本書第二部分分析中國消費信貸對消費的擠出效應的現狀時，筆者分別從一般分析和計量經濟分析這兩個層面，對消費信貸擠出消費的客觀性及其嚴重性作了分析。在一般分析中，通過分析最終消費率、消費者的邊際消費傾向、消費對經濟增長的貢獻率和拉動作用在消費信貸規模迅速擴張條件下的變動趨勢，推斷了消費信貸擠出消費的現狀及其嚴重程度；在計量經濟分析中，利用模型的迴歸系數及其顯著性，判斷了消費信貸對消費的實際刺激作用，並通過與理論上應有的刺激作用的對比，根據兩者的差距並結合與美國的對比，對中國消費信貸擠出消費的程度作了判斷和評價。從中可以看出，無論是居民的最終消費率、邊際消費傾向或消費對經濟增長的貢獻率和拉動作用在消費信貸規模迅速上升的條件下的變化，還是消費信貸增加額對居民消費支出總額的迴歸系數，都可用以衡量消費信貸對消費的擠出效應的大小。因此，消費信貸對消費的擠出效應的衡量標準具有明顯的多樣性特徵。但是，上述衡量標準都具有明顯的缺陷。

首先，從居民的最終消費率、邊際消費傾向和消費對經濟增長的貢獻率和拉動作用來看，這些指標變化的原因是多方面的，消費信貸的增減只是其中的一個原因，其對消費的擠出效應僅僅是其他原因不足以解釋結果的部分，因而其對擠出效應的衡量作用是建立在邏輯推理的基礎上的，且難以量化，在據以判斷特定經濟條件下消費信貸擠出消費的客觀性和程度時，有一定的說服力，但若用以測度擠出效應的大小，就難免出現「力所不能及」的尷尬。

其次，從消費信貸的增加額對居民消費支出的迴歸系數來看，雖然它代表了消費信貸每增加 1 元，居民的消費支出相應的增加額，並可通過與理論上應增加的消費支出額的對比，來間接推算出消費信貸擠出消費的程度，把它作為衡量消費信貸的消費擠出效應的依據似乎很有說服

力，但是，這個迴歸系數是根據過去的資料計算出來的，是一種典型的事後分析結果。消費信貸的運行環境隨著宏觀經濟環境的變化在不斷地發生相應的變化，利用過去的資料計算出來的迴歸系數能在多大程度上解釋現實和未來的情況，本身就是值得懷疑的，何況未來還有大量的不確定性存在。因此，如果用消費信貸的增加額對居民消費支出總額的迴歸系數作為衡量消費信貸對消費的擠出效應的依據，那麼，即使能在一定程度上得出能夠接受的結果，這個結果的精確度和說服力都是難以令人信服的。

最後，更為重要的是，利用上述依據對消費信貸擠出消費的效應作出衡量的結果，人們只能被動地接受，這結果本身無法為人們調控擠出效應提供任何依據和著力點。開展消費信貸業務的目的是為了有效地調節消費，衡量消費信貸對消費的擠出效應的目的之一就是正確評價並有效調控消費信貸的效應。一個無法提供任何調控依據的結果，除了能作為判斷現狀的依據之外，顯然是沒有多大意義的。

上述分析表明，無論是居民的最終消費率、邊際消費傾向以及消費對經濟增長的貢獻率和拉動作用的變化，還是消費信貸增量對居民消費支出總額的迴歸系數與理論上每 1 元消費信貸應拉動的消費額之間的差額，都難以作為衡量消費信貸對消費的擠出效應的有效標準。一個有效的衡量標準必須滿足直接性、現實性以及能為人們調節和控制擠出效應提供相應依據的要求，這是尋找消費信貸對消費的擠出效應的衡量標準的基本出發點。

4.1.2　有效的衡量標準應具備的條件

消費信貸不是單純用以刺激消費的手段，而是調節消費的手段，其最終目標是消費發生合意的增減，仲介目標是儲蓄的增減。關於這一點，在本書的第三部分，即消費信貸對消費的擠出效應的形成機理中，已經談及，而在本書第六部分還將對此作詳細的論述。基於這樣的思

考，那麼，作爲一個能對消費信貸的消費擠出效應作出有效衡量的標準，必須滿足的直接性、現實性和爲人們調節和控制擠出效應提供相應依據的要求，就必然在其自身應具備的條件中體現出來，這些條件就是可測性、可控性以及與消費信貸調控目標的相關性。只有具備這些條件的衡量標準，才有能力擔當起正確測度消費信貸實際擠出消費的效應這一任務。其中，可測性是指該衡量標準應具有明確而合理的內涵和外延，能夠收集到相應的資料，便於進行定性或定量分析；可控性是指貨幣當局、商業銀行及政府的政策導向能直接或間接影響該衡量標準的構成因素，進而對該衡量標準自身指標值的變動進行一定程度地控制和調節，能有效地影響其變動狀況和變動趨勢；與消費信貸調控目標的相關性是指，該衡量標準與消費信貸的調控目標即消費的合意增減及消費結構的調整之間具有相關關係，通過對該衡量標準的指標值的控制和調節，就能直接或間接影響消費水平的增減和消費結構的改變。

在明確這些條件之後，剩下的工作就是如何尋找符合這些條件的衡量標準了，這就是接下來需要分析的問題。

4.1.3 衡量標準的具體選擇

根據上述條件，在這裡把消除時間差異以後被消費信貸實際擠出的消費額作爲衡量消費信貸的消費擠出效應的標準，該標準的指標值越大，則說明消費信貸對消費的擠出效應越高，反之亦然。從這一意義上說，衡量標準的選擇過程，實際上就是對消費信貸實際擠出的消費額度的計算過程。

這裡所要解決的問題是，把這樣一個指標作爲消費信貸對消費的擠出效應的衡量標準是否具有可行性和合理性。事實上，可行性無非表現爲該指標是否可測，合理性則表現爲能否有效地指導消費信貸政策的實施，也就是能否滿足可控性和與消費信貸政策調控目標的相關性要求。

首先，從可測性來看，後面的分析將表明，這一衡量標準的大小受

制於貸款額度、消費貸款占信貸消費品價款的比例、消費者實際累積首付款的期限、消費者消費計劃中用於購置信貸消費品的份額、消費者的消費傾向和收入水平、市場利率水平、貸款期限和貸款利率以及消費者收入水平占 GDP 的比例、信貸投資領域的資金利用效率等因素（詳見本書 4.2 和 4.3 的分析）。在這些因素中，消費者實際累積首付款的期限雖然各不相同，但可以通過抽樣調查方式對平均期限作出估算；消費者的消費傾向可以根據國家統計局公布的農村居民純收入和城鎮居民可支配收入及各自的消費支出總額計算得到；消費者的收入水平占 GDP 的比例可根據農村居民純收入和城鎮居民可支配收入以及當年的 GDP 計算得到；信貸投資領域的資金利用效率可以通過對比當期的產出增量和當期的信貸投資額得到；消費者消費計劃中用於購置信貸消費品的份額實際上就是當期通過信貸方式實現的消費額占當期居民消費支出總額的比例。至於貸款額度、期限、比例和利率以及消費者的收入和市場利率水平，有的可以直接從中國人民銀行和國家統計局公布的資料中得到，有的則可以通過簡單的調查獲取。掌握了這些資料，就可以對這一衡量標準的大小作出正確的測試。因此，這一衡量標準能夠符合可測性條件。

其次，從可控性來看，在上述影響這一衡量標準的各項因素中，雖然有一部分因素是貨幣當局和商業銀行以及政府相關部門沒法控制的（如消費者的收入水平、產出增長與信貸投資增長的關係），但是，其他因素都是可以直接控制（如貸款額度、消費貸款占信貸消費品價款的比例、貸款期限和貸款利率）或加以引導（如消費者實際累積首付款的期限、消費者消費計劃中用於購置信貸消費品的份額、消費者的消費傾向、市場利率水平、消費者收入水平占 GDP 的比例）的。這表明，這一衡量標準兼具內生變量和外生變量的特徵，且外生變量特徵較強。一般說來，當影響某一事物變動的多個因素中，有部分因素可控時，該事物本身就在一定程度上具備了可控性，對外生性特徵較強的事物而言，可控性更強。因此，這一衡量標準同樣能夠符合可控性條件。

最後，從與消費信貸政策調控目標的相關性來看，消費信貸政策調

控的目標是消費總量和結構的變化,合理運用消費信貸對消費的刺激效應和擠出效應是有效發揮消費信貸功能,實現調控目標的兩個切入點和著力點,合理搭配並有效組合消費信貸對消費的這兩種效應,不但能有異曲同工之妙,還能有殊途同歸之功。要在利用消費信貸手段調控消費的過程中有效地發揮擠出效應的功能,就必須對擠出效應進行準確的測度,而把消除時間差異後消費信貸實際擠出的消費額作爲衡量擠出效應大小的標準,顯然能夠滿足實現調控目標的要求。因此,這一衡量標準與消費信貸政策的調控目標之間的關聯性是毋庸置疑的。

綜合上述分析,把消除時間差異後被消費信貸實際擠出的消費額作爲衡量擠出效應大小的標準,不但具有可行性,而且具有合理性。

4.2 消費信貸對消費的直接擠出效應的衡量

在根據可測性、可控性和與消費信貸政策調控目標的相關性要求,把消除時間差異後被消費信貸實際擠出的消費額作爲衡量擠出效應大小的標準之後,就可以在基本的假設前提下,從一般意義上對消費信貸直接擠出消費的實際效應進行具體地衡量了。在這裡,衡量標準本身的特定內涵決定了衡量直接擠出效應大小的過程,事實上就是對被消費信貸直接擠出的消費額的計算過程。

4.2.1 分析的前提:基本假設及其依據

爲了便於計算消費信貸對消費的直接擠出效應,同時也爲後面的因素分析作準備,在這裡先作如下假設:

假設之一:把整個經濟中需要通過信貸方式來實現消費目標的消費者看成一個整體;相應地,把提供給不同借款人的消費性貸款也從整體

上看成一筆貸款。作出這樣的假設的主要目的在於消除因不同消費者的貸款期限、貸款金額和貸款的具體用途不同而給分析造成的困難。

假設之二：消費者在計劃用信貸方式消費時，沒有初始貨幣累積。即使有初始的貨幣累積，也只是表現為應對未來不確定性的最低的預防性儲蓄，或者是為實現極其明確且不可動搖的消費目標的目標儲蓄，不可能用於實現剛剛確立的信貸消費計劃。因此，消費者為了滿足貸款條件，還需要經歷一個完整的貨幣（即首付款）累積過程。

假設之三：貸款每期償還一次，並採用等額本息方式償還，即每次償還的本息之和相同，改變的只是還款額度中本金和利息各自所占的比重。從理論上看，償還消費貸款的方式有多種，包括等額本息償還法、等額本金償還法、到期一次償還本息法、分級還款法、雙重指數還款法、反向年金還款法等。在中國，由於消費信貸市場並不成熟，貸款本息償還方式也較少，常見的有等額本息償還法和等額本金償還法以及到期一次還本付息法，其中，等額本息償還法使用頻率最高。根據筆者對從江蘇省無錫、揚州、鹽城和徐州四個城市分類隨機抽取的 400 筆住房和汽車消費貸款（其中住房消費信貸 360 筆，汽車消費信貸 40 筆。其他消費貸款沒有抽取，主要是考慮到其他消費貸款的單筆額度較小，期限也短，根據本書 2.2.4 的分析，這類貸款對消費的擠出效應很小，因而與本書所要分析的問題關係不大）的分析，採取等額本息償還方式的有 356 筆，占 89%；採取等額本金償還方式的有 42 筆，占 10.5%；採用到期一次還本付息方式的有 2 筆，占 0.5%，均是額度相對較小，且期限為一年的汽車消費貸款。根據貸款償還方式的這一現狀，本書從方便計算的目的出發，對貸款償還方式作出了這樣的假設。

假設之四：消費者的信用能力是既定的，已借助於信貸方式實現消費目標的消費者所獲得的消費貸款總額，已經在其信用能力範圍之內達到了最大值，即在還清全部貸款本息之前不能獲得新的貸款。這一假設與現實也是相符的，因為在中國的消費信貸業務中，住房按揭貸款和汽車貸款佔有絕大比重，這些貸款的抵押物就是所購的住房和汽車。在設定抵押權後，除非還清貸款全部本息，否則抵押權不能解除，消費者也

就不可能通過重複抵押的方式再次取得新的貸款，即使消費者通過提供其他抵押物來申請新的貸款，也會因其收入水平和償還能力的限制而難以如願。例外的情況主要出現在信用卡透支中，因為以信用卡透支方式獲取消費信貸時，無需提供任何抵押物，但通過這種方式取得的消費信貸期限很短，且額度較小，對分析結果的影響甚微，因而可以忽略。作出這樣的假設，意味著消費者不可能通過「借新還舊」的方式使自己一直有條件「寅吃卯糧」，因而在獲取消費信貸後，在一定程度上不得不在既定的收入水平和儲蓄傾向的約束下，通過擠出非信貸消費的方式來減輕還本付息的壓力（現在被俗稱為「房奴」和「車奴」甚至「卡奴」的人們，其實就處在這種狀態之中）。

假設之五：消費者的消費傾向有隨著消費者收入水平的上升而遞減的趨勢，但邊際消費傾向和收入水平對消費綜合作用的結果依然使消費總水平趨於上升。這一假設與中國的現實情況也是相符的，這可從消費者可支配收入逐年上升的過程中，消費支出總額也逐年上升這一事實中得到驗證。

假設之六：在消費者計劃用信貸方式實現消費目標至還清全部貸款的本息期間，除了旨在累積首付款和還本付息資金的目標儲蓄以外，消費者將維持零儲蓄狀態或保留最低水平的預防性儲蓄或目標及其明確且不可動搖的目標儲蓄，這種儲蓄水平的高低完全受制於消費者計劃用信貸方式實現消費目標時的收入水平和儲蓄傾向，也就是在這一期間，每期的儲蓄額將保持一個基本不變的量。換句話說，消費者在該期間增加的收入將被全部用於滿足消費需求。如果增加的收入被用於滿足隨著收入水平提高而新增加的消費需求，則原先被擠出的消費將不會因收入水平上升而減少；如果增加的收入被用於滿足原先被擠出的消費，則本應隨著收入水平上升而增加的消費將被擠出。這一假設表明，在消費者計劃用信貸方式實現消費目標至還清全部貸款本息期間，被消費信貸擠出的消費的數量基本上不會因消費者收入水平的上升而減少，能減少擠出效應的只能是消費者在確立信貸消費計劃時的收入基數。

4.2.2 具體的衡量方法

消費信貸對消費的直接擠出效應發生在消費者計劃用信貸方式滿足消費需求至還清全部貸款本金和利息的整個過程中。在取得貸款前，表現為因累積首付款而擠出消費；在取得貸款後，則表現為因償還貸款本息而擠出消費。這兩種擠出效應的形成機理相同，但因其對消費產生擠出的原因不同，在具體的衡量方法上也有所區別。

（1）在消費者實際得到信貸支持前每期的擠出效應

令 R 代表用信貸方式實現消費目標的消費者每期的收入；$k \in (0, 1)$，代表消費者的消費傾向，這一消費傾向有著隨消費者收入水平上升而遞減的趨勢，即 $k = k(R)$，且 $k'(R) < 0$，這一消費傾向是消費者在維持必要的儲蓄水平的基礎上的最高消費傾向，也就是說，與之相對應的儲蓄傾向所決定的儲蓄水平是消費者應對未來不確定性的最低的預防性儲蓄，或者是為實現極其明確且不可動搖的消費目標的目標儲蓄（根據4.2.1中的假設之六，這一儲蓄額在消費者確立信貸消費計劃至還清全部貸款本息的期間內將保持基本不變）；$\alpha \in (0, 1)$，代表消費者的消費計劃中信貸消費品占消費品總量的份額，相應地，$1 - \alpha$ 代表消費者的消費計劃中用於購置非信貸消費品的份額；L 代表消費貸款額度；$n(\geq 1)$ 代表消費貸款的期限；$t \in (0, 1)$，代表消費貸款額度占信貸消費品價款的比例，相應地，$1 - t$ 代表消費者所需支付的首付款占信貸消費品價款的比例；$m(\geq 1)$ 代表消費者在刺激消費的政策誘導和宣傳攻勢下累積首付款的實際期限；$i(>0)$ 代表消費貸款利率。

顯然，消費者在自身收入水平和消費傾向的約束下，每期有支付能力的消費需求為 kR，其中能夠滿足信貸消費的有支付能力的需求為 αkR，能夠滿足非信貸消費的有支付能力的需求為 $(1 - \alpha)kR$。同時，為了滿足獲得消費貸款的條件，消費者需累積的貨幣資金（即首付款）

爲 $\frac{L}{t} - L$。通常，這一筆首付款來源於消費者有支付能力的需求中能夠滿足信貸消費需求的部分，即 $\alpha k R$。消費者通常會根據自身的收入水平（R）、消費傾向（k）和消費計劃中信貸消費品占消費品總量的份額（α），對累積首付款的年限作出合理的計劃安排，根據這種安排，消費者累積首付款的合理年限 $m_0 = \frac{\frac{L}{t} - L}{\alpha k R}$。在這種情況下，由於累積首付款的資金來源僅限於消費者有支付能力的需求中用於滿足信貸消費需求的部分（$\alpha k R$），因而不會對用於滿足非信貸消費需求的部分 $(1 - \alpha) k R$ 產生擠出效應。但是，在強有力的刺激消費的政策誘導和宣傳攻勢之下，情況就大不相同了。消費者的消費需求的實現需要經歷一個從對某種消費品無需求意識的狀態轉到有潛在需求意識的狀態，再從有潛在需求意識的狀態轉到有現實需求意識的狀態，最後從有現實需求意識的狀態轉化爲具體的購買行爲的過程。消費信貸的出現，不僅能培養消費者的需求意識，更能通過緩解消費者的流動性約束，促使消費者從潛在需求狀態中轉入到現實需求狀態之中，並加快從產生現實需求到實施具體的購買行爲的進程。在這種情況下，面對刺激消費的強大的政策誘導和宣傳攻勢，消費者極易打破原來的計劃安排，將累積首付款的年限縮短，使累積首付款的實際年限（m）小於合理年限（m_0）。這顯然強化了消費者的目標儲蓄動機，從而使爲滿足貸款條件而每期所需累積的貨幣資金超過消費者有支付能力的需求中能夠用於滿足信貸消費需求的部分（$\alpha k R$），導致消費者不得不通過壓縮非信貸消費的方式來化解累積首付款的壓力。基於這樣的分析，可以得到在消費者計劃用信貸方式實現消費目標至實際得到貸款期間，每期被擠出的非信貸消費額（s_b）的如下表達式：

$$s_b = \frac{\frac{L}{t} - L}{m} - \alpha k R \qquad (4-1)$$

（2）在消費者實際得到信貸支持後每期的擠出效應

根據假設之四，既然消費者在還清消費貸款的全部本息之前不能獲得新的貸款，那麼，消費者每期需償還的貸款本息超過其有支付能力的需求中能夠滿足信貸消費需求部分的差額，將構成對非信貸消費的擠出。據此，可以得到在採用等額本息償還方式的情況下，消費者獲得貸款後每期被擠出的非信貸消費額度（s_a）的如下表達式：

$$s_a = L \times \frac{i(1+i)^n}{(1+i)^n - 1} - \alpha k R \tag{4-2}$$

其中，$L \times \frac{i(1+i)^n}{(1+i)^n - 1}$ 就是每期應償還的本息額。從這一表達式中可以看出，如果償還的本息額不超過消費者有支付能力的需求中用於滿足信貸消費需求的部分（$\alpha k R$），那麼，貸款後消費者就不會因為還本付息的壓力而擠出非信貸消費，消費信貸對消費的擠出效應也就不會在貸後發生了。

站在消費者的角度上看，這一結果能否產生，主要取決於每期所需償還的貸款本息額的大小。因為消費者有支付能力的需求中用於滿足信貸消費需求的部分並非消費者個人所能決定，在它的各個構成因素中，收入水平在短期內不可能有明顯的變化，即使在名義上有所增長，也還需剔除通貨膨脹的影響，而且與實際收入水平增長相對應；消費領域也會有所擴大，最終能夠用於償還貸款本息的部分並不會有明顯的增長；消費傾向則帶有相對的穩定性；消費計劃中用於購置信貸消費品的份額主要受制於消費信貸的普及率和覆蓋面，非消費者能自主決定。

從消費者（即借款人）每期應償還的貸款本息金額的計算公式，即 $L \times \frac{i(1+i)^n}{(1+i)^n - 1}$ 中可以看出，消費者每期所需償還的貸款本息額的大小，取決於貸款額度（L）、貸款利率（i）和貸款期限（n），其中消費者能有一定的選擇自由的只有貸款期限，因為貸款額度受制於所需購置的消費品的價款，貸款利率由貸款銀行根據基準利率和規定的幅度浮動。

現在令 $Q = L \times \dfrac{i(1+i)^n}{(1+i)^n - 1}$，則可計算出 $\dfrac{\partial Q}{\partial n} = -L \dfrac{i(1+i)^n \ln(1+i)}{[(1+i)^n - 1]^2} <$ 0，這表明，消費者每期需償還的貸款本息額會隨著貸款期限的延長而下降；相應地，消費者獲得貸款後，消費信貸對消費的擠出額會隨著貸款期限的延長而減少，甚至消失。因此，只要銀行允許，同時消費者也願意適當地延長貸款的期限，那麼，就能在很大程度上減少甚至消除消費者因貸款後的還本付息壓力而壓縮非信貸消費的行為，降低消費信貸對消費的擠出效應。然而，問題正如本書3.1.3中所分析的那樣，由於「有多少錢辦多少事」傳統消費觀念和不夠成熟的負債消費觀念的衝突，往往使消費者盡可能把貸款期限縮短，超過自身原有的儲蓄能力，通過擠壓非信貸消費的方式，來滿足因此而增加的每期還本付息的資金需求，以致在消費者取得貸款後，因每期還本付息而引發的對消費的擠出效應一直居高不下。

(3) 消費信貸對消費的直接擠出效應總量

消費者在獲得消費信貸支持前為滿足貸款條件，即累積首付款而發生的對消費的直接擠出效應，通常始於消費者計劃用信貸方式來滿足消費需求時，止於消費者獲得信貸支持，實現消費目標時；消費者在獲得消費信貸支持後，為累積償還消費貸款本息的資金而發生的對消費的直接擠出效應，通常始於消費者獲得信貸支持、實現消費目標時，止於還清貸款全部本息時。消費信貸直接擠出消費的總效應，是這兩種發生在不同階段上的效應之和。但是，這決不意味著消費信貸對消費的直接擠出效應的總量就是這兩種發生在不同階段上的擠出效應的簡單相加，即使是發生在同一階段不同時間的擠出效應，也不能簡單相加，原因在於，針對發生在不同時間的擠出效應，匯總時必須考慮到資金的時間價值問題。因此，在計算直接擠出效應的總量之前，必須首先解決的問題是如何消除時間差異。這包含兩個方面的內容：一是把發生在兩個不同階段的擠出效應統一到哪一個時點上；二是用什麼方法來消除時間差異。

關於把發生在兩個不同階段的擠出效應統一到哪一個時點上的問

題，這裡有三種選擇：一是統一到消費者計劃用信貸方式實現消費需求之時，即把發生在不同時間上的擠出效應統一折算為該時點的現值；二是統一到消費者還清全部貸款本息之時，即把發生在不同時間上的擠出效應統一折算為該時點的終值；三是統一到消費者獲得信貸支持，實現消費需求之時，即把因消費者累積首付款而發生的擠出效應折算為該時點的終值，把因消費者累積償還貸款本息的資金而發生的擠出效應折算為該時點的現值。具體選擇哪個時點，必須考慮該時點與消費信貸擠出消費這一經濟行為的發生之間的關聯性，以及該時點對擠出效應計算的精確性的影響。事實上，關聯性和精確性是緊密地聯繫在一起的。如果選擇消費者計劃用信貸方式實現消費需求之時，那麼，對於因消費者累積首付款而發生的擠出效應而言，是合理的。因為該時點是這種擠出效應發生的起點，其關聯性是十分清楚的，同時，把這種擠出效應表示為該時點的現值，不會影響對其估算的精確性。但是，對於因消費者償還貸款本息而發生的擠出效應來說，情況就不同了，該時點既非這種擠出效應發生的起點，也非終點，兩者之間並無直接的關聯性，以這一時點為準計算出來的總的直接擠出效應必然會虛減因消費者償還貸款本息而發生的對消費的擠出效應。如果選擇消費者還清全部貸款本息之時，則情況正好相反。對於因消費者償還貸款本息而發生的對消費的擠出效應而言，該時點是這種擠出效應的終點，兩者之間有著十分清晰的關聯關係，把這種擠出效應表示為該時點的終值，不會影響對其估算的精確性。但是，這一時點既非因消費者累積首付款而發生的擠出效應的起點，也非終點，兩者之間並無直接的關聯關係，以這一時點為準計算出來的總的直接擠出效應無疑會虛增因消費者累積首付款而導致的對消費的擠出效應。如果選擇消費者獲得信貸支持，實現消費需求之時，則無論對於因消費者累積首付款而發生的擠出效應，還是因消費者償還貸款本息而發生的擠出效應而言，都具有合理性，這一時點既是前一種擠出效應的終點，也是後一種擠出效應的起點，這兩種效應與該時點之間均有十分清晰的關聯關係，把前一種擠出效應折算為該時點的終值，而把後一種擠出效應折算為該時點的現值，不存在虛增或虛減任何一種擠出

效應的問題。因此，把發生在兩個不同階段的擠出效應，統一到消費者實際得到信貸支持，真正實現消費目標這一時點上，是匯總消費信貸對消費的直接擠出效應，消除時間差異的唯一可行的選擇。

關於用什麼方法來消除時間差異的問題，實際上就是如何選擇複利計算方法的問題。無論是計算消費者獲得信貸支持之前的擠出效應的終值，還是計算消費者獲得信貸支持之後的擠出效應的現值，利用的都是複利計算原理。複利有按年計算的，也有按季、按月、按日計算的，甚至還有把期限無限細分以後計算的。其中，把期限無限細分以後計算的複利稱爲連續複利。依據不同的複利計算方法，得出的終值和現值也不同。通常，連續複利只在理論上存在，在實踐中並不具有可操作性。因此，在這裡選擇消除擠出效應的時間差異的方法時，可以把連續複利方法排除在外。至於對其他方法的選擇問題，即依據複利計算原理選擇按年、按季、按月還是按日計算擠出效應的終值和現值的問題，則在理論層面作分析時，無須過於明確，可以以「每期」來代表「每年」「每季」「每月」甚至「每日」。這樣做既可以避免計算擠出效應的終值或現值時，在複利計算的期限問題上難以取捨的尷尬，又不會影響分析結果的準確性。至於在對實際問題作具體分析時，則可根據具體情況作出相應的取捨。

在確定把消費者獲得信貸支持前後的直接擠出效應統一到消費者實際得到信貸支持這一時點上，並明確了消除時間差異的具體方法後，就可以匯總消費信貸對消費的直接擠出效應了。現在令 r 代表市場利率水平，則根據複利計算原理，可以得到消費者獲得貸款前後消費信貸對消費的總的擠出額度（DS_b）和（DS_a）的如下表達式：

$$DS_b = S_b(1+r) + S_b(1+r)^2 + \cdots + S_b(1+r)^m$$

$$= S_b \sum_{j=1}^{m} (1+r)^j$$

將 4-1 式代入該式可得：

$$DS_b = \left(\frac{\frac{L}{t} - L}{m} - \alpha kR \right) \sum_{j=1}^{m} (1+r)^j \tag{4-3}$$

$$DS_a = \frac{S_a}{(1+r)} + \frac{S_a}{(1+r)^2} + \cdots + \frac{S_a}{(1+r)^n}$$

$$= S_a \sum_{h=1}^{n} \frac{1}{(1+r)^h}$$

將 4-2 式代入該式可得：

$$DS_a = \left[L \times \frac{i(1+i)^n}{(1+i)^n - 1} - \alpha k R \right] \sum_{h=1}^{n} \frac{1}{(1+r)^h} \tag{4-4}$$

「(4-3)式+(4-4)式」的總值即為考慮到資金時間價值後消費信貸直接擠出消費的總額度，若以 DS 表示這一總額度，則可得到如下表達式：

$$DS = \left(\frac{\frac{L}{t} - L}{m} - \alpha k R \right) \sum_{j=1}^{m} (1+r)^j + \left[L \times \frac{i(1+i)^n}{(1+i)^n - 1} - \alpha k R \right] \sum_{h=1}^{n} \frac{1}{(1+r)^h} \tag{4-5}$$

DS 越大，表明消費信貸對消費的直接擠出效應越大；DS 越小，則表明消費信貸對消費的直接擠出效應越小。

從該表達式中可以看出，消除時間差異後消費信貸直接擠出消費的總額度是在假定從消費者計劃用信貸方式實現消費目標至還清全部貸款本息期間，收入水平保持不變的前提下得出的。而在事實上，在此期間消費者的名義收入水平會有所上升，從這一意義上說，根據該表達式計算出的結果會與實際情況有一定的偏差。但是，這僅是一種表面現象。事實是，在剔除通貨膨脹的影響後，消費者的實際收入水平上升幅度是有限的，而且隨著實際收入水平的上升，消費者的消費領域也會隨之擴大，原來沒有納入消費計劃中的消費品會隨著實際收入水平的上升而納入消費計劃。在消費者的儲蓄水平保持基本不變的情況下，如果增加的收入被用於滿足隨著收入水平提高而新增加的消費需求，則原先被擠出的消費將不會因收入水平的上升而減少；如果增加的收入被用於滿足原先被擠出的消費，則本應隨著收入水平上升而增加的消費將被擠出。因此，在消費者計劃用信貸方式實現消費目標至還清全部貸款本息期間，

被消費信貸擠出的消費在數量上基本上不會因消費者收入水平的上升而減少，能減少擠出效應的是消費者在確立信貸消費計劃時的收入基數。由此可見，依據上述表達式計算得到的結果與事實不會有明顯的偏差，這表明了上述用以衡量直接擠出效應的方法的合理性。

4.3 消費信貸對消費的間接擠出效應的衡量

消費信貸對消費的間接擠出具體表現爲消費信貸替代投資信貸後，削弱了投資[①]對經濟增長進而對居民收入水平增長的拉動作用，從而使消費者在既定消費傾向下的消費相對減少。衡量消費信貸對消費的間接擠出效應的過程，同樣表現爲在基本假設前提下，從一般意義上對被消費信貸間接擠出的消費額的計算過程。

4.3.1 分析的前提：基本假設及其依據

爲了便於計算消費信貸對消費的間接擠出效應，同時也爲後面的因素分析作準備，在這裡先作出如下幾個假設：

假設之一：相對於現有的資金可供量而言，投資需求具有充分性[②]，進而對投資信貸的需求也具有充分性。也就是說，如果商業銀行

[①] 這裡所說的投資是指實質性投資，即能使資本總量增加的投資行爲，而非在股票二級市場上收購現有企業股份的行爲。

[②] 根據托賓的「Q理論」，實質性投資需求與股票市場的運行情況有關，當股市高漲時，實質性投資需求也上升，因爲與其在股票市場上收購現有企業，不如興建新的企業；當股市低落時，實質性投資需求也會下降，因爲與其投資興建新的企業，不如在股票市場上收購現有企業。因此，實質性投資需求會體現出與股指的正相關關係。但是，這一規律在中國尚難以發揮作用，畢竟，上市企業的總規模在中國企業規模總量中所占的比重很小，股市變化還難以對投資需求產生顯著的影響。

不辦理消費信貸業務,那麼,相應的信貸資金能夠被投資信貸業務全部吸納,這意味著,消費信貸業務是對投資信貸業務的全額替代,增加了多少消費信貸,就意味著替代了多少投資信貸。

假設之二:投資的內容包括基礎設施投資、固定資產投資和存貨投資,凡是能導致基礎設施、固定資產或存貨增加的經濟活動均屬於投資活動,凡是信貸活動所投放的資金被直接用於這三個方面的,就是投資信貸活動;但是,消費信貸活動的資金最終流入消費品製造和流通行業後,即使引起了該行業的存貨或固定資產的增加,也不應該把其歸入投資信貸的範疇。只有作出這樣的假設,才能確保消費信貸對投資信貸的替代不存在重複或遺漏。

假設之三:經濟處於均衡狀態中,即在兩部門模型中,表現爲儲蓄＝投資;在三部門模型中,表現爲儲蓄＋政府收入＝投資＋政府支出;在四部門模型中,表現爲全社會的儲蓄＝投資＋淨出口。作出這樣的假設是利用投資乘數原理分析這裡所要研究的問題的前提。

假設之四:消費者的消費需求與其可支配收入之間表現爲線性關係,且整體消費量完全受制於整體收入水平,即如果消費者可支配的收入總額爲0,則相應的消費支出總額也爲0。這意味著消費者的邊際消費傾向與平均消費傾向相同。同時,假設消費者個人的消費傾向與社會消費傾向一致,作出這樣的假設純粹是爲了方便計算。

4.3.2 具體的衡量方法

(1) 理論依據

在上述假設條件下,衡量消費信貸對消費的間接擠出效應所依據的是凱恩斯的國民收入決定論的核心組成部分——「投資乘數原理」。所謂「投資乘數原理」,簡單地說就是,如果一個國家增加一筆投資,那麼,由此引起的國民產品的增加量,並不限於原來增加的這筆投資,而是原來增加的這筆投資的若干倍,這若干倍的產出增加額源於在既定的

邊際消費傾向下，年復一年的傳導過程。國民產品的增加，無疑會引起消費者可支配收入的相應增加，因此，每增加一筆投資，會在引起產出增加若干倍的同時，使消費者可支配收入也增加若干倍。這同樣是在年復一年的傳導過程中實現的。在這種情況下，如果消費信貸替代投資信貸，那麼，消費者就會失去因投資增加而引發的年復一年的收入增加過程；相應地，消費者在既定的消費傾向下，每年的消費也會相對減少，這就是投資乘數原理對消費信貸間接擠出消費的過程解釋。

從投資乘數原理對消費信貸間接擠出消費的過程的解釋中可以看出，除了消費信貸額度（即對投資信貸的替代額度）以外，影響擠出效應大小的另外兩個因素分別是信貸投資資金的利用效率和消費者的收入水平占當年產出的比重。其中，消費者收入水平占當年產出的比重可以通過把當年居民收入總額（城鎮居民可支配收入和農村居民純收入之和）與當年GDP進行對比的方式得到。對信貸投資資金的利用效率的分析可以參照薩繆爾森研究「加速數原理」[①] 的基本思路，從分析當年產出的增加額與當年信貸投資額之間的數量關係著手。令 L_t 代表當年的信貸投資額，令 Y_t 代表當年的產出額，Y_{t-1} 代表上年的產出額，則信貸投資與產出之間的數量關係可以表示為 $L_t = V(Y_t - Y_{t-1})$，其中 V 就是當年的信貸投資額與當年產出增量之間的比例，通常情況下，$V > 1$。該表達式可變形為 $\Delta Y_t = \frac{1}{V} \cdot L_t$，其基本含義是：當信貸投資增加一單位時，產出會相應地增加 $\frac{1}{V}$ 單位。因此，$\frac{1}{V}$ 代表了信貸投資領域的資金使用效率。依據這樣的分析，因消費信貸替代投資信貸而導致的產出

---

① 薩繆爾森提出的「加速數原理」是指，資本形成即投資與產出增長之間有一個基本穩定的比例關係，這個比例就稱為加速數，用 V 表示，通常情況下，$V>1$。「加速數原理」的具體的表達式為：$I_t = K_t - K_{t-1} = VY_t - VY_{t-1} = V(Y_t - Y_{t-1})$。其中，$I_t$ 表示第 t 期的投資，K_t 和 K_{t-1} 分別表示第 t 期和 $t-1$ 期的資本存量，Y_t 和 Y_{t-1} 分別表示第 t 期和 $t-1$ 期的產出。上式可簡化為 $I_t = V\Delta Y_t$，即 $\Delta Y_t = \frac{1}{V} \cdot I_t$，其中 ΔY_t 表示第 t 期的產出增量。

的相對減少數，以及因此而引起的消費者可支配收入的相對減少數，不僅受制於前述的投資乘數和消費者收入水平占當期產出的比重，同時還受制於信貸投資資金的使用效率，即「當年信貸投資額與當年產出增量之比」的倒數。因此，在測度消費信貸每期對消費的間接擠出效應時，必須綜合考慮「投資乘數」和國民收入分配及信貸投資領域資金利用效率的影響。

（2）消費信貸對每期消費的間接擠出效應

當消費信貸在當期的增加額爲 L 時，意味著被消費信貸替代的投資信貸額爲 L，若令 $\varphi = \dfrac{1}{V}$ 代表信貸投資領域的資金利用效率，即當期產出增量與當期信貸投資的比率，那麼，當期因投資信貸減少而少增加的產出爲 φL。現在，再令消費者收入水平占當年產出的比重爲 ω，則當期消費者少增加的收入爲 $\omega\varphi L$，在消費傾向爲 k 時，當期被消費信貸間接擠出的消費爲 $k\omega\varphi L$。由於消費者的消費傾向與社會消費傾向一致，同時又假設經濟處在均衡狀態下，那麼，在第一期因消費信貸替代投資信貸而使產出少增加 φL 的基礎上，第二期少增加的產出爲 $(1-k)\varphi L$；相應地，消費者因此而少增加的收入爲 $\omega(1-k)\varphi L$，在消費傾向爲 k 時，第二期被消費信貸間接擠出的消費爲 $k\omega(1-k)\varphi L$。以後各期的相關指標可以以此類推。據此，可以得到在消費信貸增加額爲 L 時，每期被消費信貸間接擠出的消費額如表 4-1 所示。

表 4-1　　每期被消費信貸間接擠出的消費額

時期	消費信貸對投資信貸的替代額	少增加的產出	消費者少增加的收入	被間接擠出的消費額
1	L	φL	$\omega\varphi L$	$k\omega\varphi L$
2	—	$(1-k)\varphi L$	$\omega(1-k)\varphi L$	$k\omega(1-k)\varphi L$
3	—	$(1-k)^2\varphi L$	$\omega(1-k)^2\varphi L$	$k\omega(1-k)^2\varphi L$
4	—	$(1-k)^3\varphi L$	$\omega(1-k)^3\varphi L$	$k\omega(1-k)^3\varphi L$

表4-1(續)

時期	消費信貸對投資信貸的替代額	少增加的產出	消費者少增加的收入	被間接擠出的消費額
5	—	$(1-k)^4\varphi L$	$\omega(1-k)^4\varphi L$	$k\omega(1-k)^4\varphi L$
⋮	⋮	⋮	⋮	⋮
n	—	$(1-k)^{n-1}\varphi L$	$\omega(1-k)^{n-1}\varphi L$	$k\omega(1-k)^{n-1}\varphi L$
$n+1$	—	$(1-k)^n\varphi L$	$\omega(1-k)^n\varphi L$	$k\omega(1-k)^n\varphi L$
⋮	⋮	⋮	⋮	⋮

註：在均衡狀態下，儲蓄＝投資，因此，當年少增加的產出即爲上年全社會少增加的儲蓄，即上年少增加的產出×(1−k)。

(3) 消費信貸對消費的間接擠出效應的總量

從表4-1中可以看出，只要消費信貸替代了投資信貸，那麼，由此而引發的消費信貸對消費的間接擠出效應，就會無限期地延續下去，這是投資乘數原理發揮作用的必然結果。上表中每期被消費信貸間接擠出的消費額，具體表現爲一個以 $(1-k) \in (0,1)$ 爲公比的無窮遞縮等比數列。雖然無窮遞縮等比數列的求和方法很簡單，但在匯總消費信貸每期對消費的間接擠出效應時，不能就此簡單相加。畢竟，這是發生在不同時間上的擠出效應，在資金時間價值因素的影響下，簡單相加必然會誇大擠出效應。因此，與匯總直接擠出效應一樣，匯總間接擠出效應時，也需要把發生在不同時間的擠出效應統一到某一個時間點上。在這裡，鑒於與消費信貸間接擠出消費這一經濟現象的關聯性及計算的精確性要求，並考慮到與直接擠出效應匯總的需要，選擇消費者實際獲得消費貸款，即消費信貸對投資信貸發生實際的替代行爲這一時點，作爲匯總消費信貸對消費的間接擠出效應的標準，把發生在不同時間的間接擠出效應，根據市場利率換算成該時點的現值，然後再加以匯總。現在，令 IS 代表消費信貸對消費的間接擠出效應總量，令市場利率爲 r，則可得到消費信貸對消費的間接擠出效應總量的如下表達式：

$$IS = \frac{k\omega\varphi L}{1+r} + \frac{k\omega(1-k)\varphi L}{(1+r)^2} + \frac{k\omega(1-k)^2\varphi L}{(1+r)^3} + \cdots + \frac{k\omega(1-k)^{n-1}\varphi L}{(1+r)^n} + \cdots$$

$$= \frac{k\omega\varphi L}{r+k} \tag{4-6}$$

IS 越大，表明消費信貸對消費的間接擠出效應越大；反之，則表明消費信貸對消費的間接擠出效應越小。

4.4 消費信貸對消費的擠出效應總量

前面分別從一般意義上計算了消費信貸對消費的直接和間接擠出效應，並把發生在不同時期的直接和間接擠出效應，依據資金的時間價值原理，分別換算成了在消費者實際獲得消費貸款這一時點上的現值和終值，使其具備了直接的可加性，並據以計算出了直接擠出效應和間接擠出效應的總額。在這一基礎上，如果令 TS 代表消費信貸對消費的總擠出效應，則可得到如下關於擠出效應總量的表達式：

$$TS = DS + IS$$

$$= \left(\frac{\frac{L}{t} - L}{m} - \alpha kR\right) \cdot \sum_{j=1}^{m}(1+r)^j$$

$$+ \left[L \times \frac{i(1+i)^n}{(1+i)^n - 1} - \alpha kR\right] \cdot \sum_{h=1}^{n}\frac{1}{(1+r)^h} + \frac{k\omega\varphi L}{r+k} \tag{4-7}$$

顯然，TS 越大，表明消費信貸對消費的擠出效應越大；反之，則表明消費信貸對消費的擠出效應越小。

需要說明的是，前面所分析的消費信貸擠出消費（包括直接擠出和間接擠出）的過程以及據此而計算出來的擠出效應的總量，僅僅是針對在某一時期增加的消費信貸額 L 而言的（儘管這一增加額可能是由多筆貸款構成的，但根據本書 4.2.1 中的第一個假設，已把這多筆貸款從整

體上看成了一筆貸款），如果其他時期也有消費信貸的增加額，則還會重複這一過程。事實上，中國的消費信貸額在逐年增加；相應地，消費信貸擠出消費的過程也不斷地在新的基礎上重複出現，以一種「滾動」和「疊加」的狀態進行著。因此，如果把不同時期增加的消費信貸額綜合在一起來考慮，那麼，擠出效應的總量將遠不止這麼多。但是，就本書所要研究的問題而言，分析一期的情況也就足以說明問題了。

5 影響擠出效應的因素分析

　　前面從理論層面上分析了消費信貸對消費的擠出效應總量的形成過程和測度方法，爲從總量上分析消費信貸對消費的擠出效應提供了基本思路和方法。但是，要完整、準確地測度消費信貸對消費的擠出效應，僅僅進行總量分析是遠遠不夠的。因爲總量分析無法測度和把握擠出效應的具體形成過程及各個影響因素，只是體現了衡量標準的可測性要求，而要體現衡量標準的可控性要求，則必須從分析擠出效應的各個影響因素著手。只有通過因素分析，才能爲有效地調控擠出效應提供可靠的依據。如果說對擠出效應的總量分析主要是在理論層面上進行的，那麼，對擠出效應的影響因素的分析，則除了需要在理論層面上進一步深化外，還需要體現出與具體實踐相結合的特點。因此，本部分將在對因素分析的內容和具體方法作出論述的基礎上，主要從理論和實踐兩個層面，對影響擠出效應總量變動的各個因素做出分析。

5.1　分析內容的確定及分析方法的選擇

　　分析影響消費信貸的消費擠出效應總量的各個因素，目的是爲有效地調節和控制擠出效應，合理發揮消費信貸的功能提供可靠的依據。無論是分析內容的界定還是分析方法的選擇，都必須圍繞這一目的來進行。

5.1.1 分析內容

依據上述分析目的，因素分析旨在回答兩個問題：一是調節和控制消費信貸對消費的擠出效應的切入點在哪裡；二是針對每個切入點，從什麼方向上來調節和控制，調節和控制的力度應該有多大。關於第一個問題，實際上就是要回答影響消費信貸對消費的擠出效應的因素有哪些；關於第二個問題，實際上就是要回答從什麼方向上、用多大的力度控制各個影響因素。要正確回答第二個問題，第一必須明確各個因素影響擠出效應總量的方向，即明確其變動對擠出效應總量的變動產生正向作用還是負向作用，以便根據具體的調控目的來強化或削弱這種作用；第二必須明確各個因素的變化對擠出效應總量的影響程度。換句話說，就是要明確擠出效應總量變化對每一個因素變化的敏感度，即某個影響因素變動百分之一，擠出效應總量將變動百分之幾。只有明確這一點，才能根據調控目的，正確把握調控各個影響因素的力度。

綜合上述分析，可以把對消費信貸的消費擠出效應進行因素分析的內容概括爲兩個方面，即有哪些因素在影響擠出效應的總量，以及各因素影響擠出效應總量的方向和程度。事實上，在本書4.4中所給出的衡量擠出效應總量的公式中，已經明確地列出了影響擠出效應總量的各個因素。因此，在這裡，剩下的因素分析任務就是分析各因素對擠出效應總量的影響方向和影響程度。

5.1.2 分析方法的選擇

因素分析方法通常有連環替代法、邊際分析法和彈性分析法。其中連環替代法是統計中的常用方法，其特點是簡單、直觀，並且能明確反應各影響因素在總量變化中所起的作用和所占的份額，其缺點是只能適

用於總量表現爲各個影響因素的連乘積的情況。從本書4.4中所給出的公式中可以看出，消費信貸對消費的擠出效應總量表現爲各個影響因素「四則運算」的結果，而不是單純表現爲各個影響因素的連乘積。在這種情況下，面對既要分析各因素對擠出效應總量的影響方向，又要分析各因素對擠出效應總量的影響程度的雙重任務，統計中常用的普通因素分析法即連環替代法，顯然難以勝任。因此，可行的分析方法只能是邊際分析法和彈性分析法了。

邊際即「額外」「追加」的意思，是指處在邊緣上的「已經追加的最後一個單位」，或「可能追加的下一個單位」，屬於導數和微分的概念。邊際量就是指在函數關係中，自變量發生微量變動時，在邊際上因變量的變化，而邊際值則表現爲因變量的增量和自變量的增量的比值。邊際分析法就是運用導數和微分方法研究經濟運行中微增量的變化，利用邊際值分析各經濟變量之間的相互關係及變化過程的一種方法。當自變量的變化趨於極小值時，邊際值就表現爲因變量對該自變量的導數或偏導數。當導數或偏導數大於0時，表明自變量的變化對因變量的變化產生正向作用；當導數或偏導數小於0時，則表明自變量的變化對因變量的變化產生負向作用。針對這裡所要研究的問題，當擠出效應總量對某個影響因素的偏導數大於0時，則表明該影響因素與擠出效應總量同方向變化；反之，則表明該影響因素與擠出效應的總量反方向變化。因此，邊際分析法是判斷各影響因素對擠出效應總量的影響方向的有效方法。

彈性是指因變量變動的比率與引起其變動的自變量變動的比率之比，彈性的大小是以彈性系數來表示的。若以 X 表示某一個自變量，Y 表示受多個自變量影響的因變量，則彈性系數可表示爲 $E = \dfrac{\dfrac{\Delta Y}{Y}}{\dfrac{\Delta X}{X}} = \dfrac{\Delta Y}{\Delta X}\dfrac{X}{Y}$。當自變量的改變量趨於無窮小時，彈性系數的表達式就演變成

$E = \lim\limits_{\Delta X \to 0} \dfrac{\Delta Y}{\Delta X} \dfrac{X}{Y} = \dfrac{\partial Y}{\partial X} \dfrac{X}{Y}$。彈性分析法就是通過計算和分析彈性系數來判斷因變量的變化對自變量的變化的敏感性（即自變量的變化對因變量變化的影響程度）的方法。當彈性系數的絕對值大於1時，表明因變量對自變量的變化富有彈性，即自變量發生較小幅度的變化，就可以引起因變量較大變化，說明自變量對因變量的影響很大；當彈性系數的絕對值小於1時，表明因變量對自變量的變化缺乏彈性，即自變量較大幅度的變化，只能引起因變量較小幅度的變化，說明自變量對因變量的影響較小。針對這裡所要研究的問題，當消費信貸對消費的擠出效應的總量對某個影響因素的彈性系數的絕對值大於1時，則表明該因素對擠出效應總量的影響較大，自身發生較小的變化，就能使擠出效應的總量發生較大的改變；反之，則表明該因素對擠出效應總量的影響較小，自身較大的變化，只能引起擠出效應總量發生較小的變化。由此可見，彈性分析法是據以判斷各影響因素對擠出效應總量的影響程度的有效方法。

5.2 理論層面的分析

從本書4.4中所給出的衡量擠出效應總量的表達式（4-7）中，可以看出，消費信貸對消費的擠出效應總量的大小受制於消費信貸規模（L）、貸款額度占信貸消費品價款的比例（t）、消費者實際累積首付款的期限（m）、消費計劃中信貸消費品占消費品總量的份額（α）、消費者的收入水平（R）、消費者的消費傾向（k）、市場利率水平（r）、貸款期限（n）、貸款利率（i）、消費者當期收入水平占當期GDP的比重（ω），以及信貸投資領域的資金利用率（φ）等一系列影響因素。這些因素分別在不同的方向和不同的程度上，影響著消費信貸對消費的擠出效應總量的變化。為了從理論層面上解釋清楚這些因素的變化對擠出效應總量的變化所產生的影響，下面根據本書4.4部分中所給出的消費信

貸對消費的擠出效應總量的數學表達式（4-7），也就是 $TS = \left(\dfrac{\dfrac{L}{t}-L}{m}-\alpha kR\right) \cdot \sum\limits_{j=1}^{m}(1+r)^{j} + \left[L \times \dfrac{i(1+i)^{n}}{(1+i)^{n}-1}-\alpha kR\right] \cdot \sum\limits_{h=1}^{n}\dfrac{1}{(1+r)^{h}}$

$+\dfrac{k\omega\varphi L}{r+k}$，按照上述排列次序，利用邊際分析法和彈性分析法，分別來計算這些因素的變動影響擠出效應總量的方向和程度，並根據計算結果作相應的分析說明。

在作分析前需要說明的問題是，邊際分析主要用於判斷各因素變動與擠出效應總量的相應變動是否具有一致性，判斷的標準是偏導數是否大於 0；彈性分析主要用於判斷各因素變動影響擠出效應總量變動的程度高低，判斷的標準是彈性系數的絕對值是否大於 1。在理論層面上，由於缺少現實的數據支持，無論是偏導數，還是彈性系數，計算結果都無法表現爲具體的數值，而只能以一系列符號來表示。在這種情況下，判斷偏導數是否大於 0，相對來說比較容易，而要正確判斷彈性系數的絕對值是否大於 1，則很難做到，這是在理論層面上分析時難以避免的「尷尬」。因此，針對本書所研究的問題，在理論層面上分析的重點是各因素變動影響擠出效應總量的方向，以邊際分析法作爲重點，同時爲將在現實層面的分析中作爲重點的彈性分析作一些必要的準備。

5.2.1 消費信貸規模的變化對擠出效應的影響

其一，利用邊際分析方法來分析貸款規模（L）的變化對擠出效應總量（TS）的影響方向。這一分析過程具體表現爲計算擠出效應總量對消費信貸規模的偏導數，並根據計算結果得出相應的分析結論的過程。根據消費信貸對消費的擠出效應總量（TS）的具體表達式，可得到其對貸款規模（L）的偏導數的如下表達式：

$$\frac{\partial TS}{\partial L} = \frac{\frac{1}{t} - 1}{m} \sum_{j=1}^{m} (1+r)^j + \frac{i(1+i)^n}{(1+i)^n - 1} \sum_{h=1}^{n} \frac{1}{(1+r)^h} + \frac{k\omega\varphi}{r+k}$$

(5-1)

顯然，由於 t 的取值範圍在 0 到 1 之間，m、r、k、ω、φ 和 n 均大於 0，因而 $\frac{\partial TS}{\partial L} > 0$。這一計算結果表明：當期消費信貸增加的額度越大，消費信貸對非信貸消費的擠出效應就越大。造成這一現象的原因不但體現在消費信貸規模擴大對直接擠出效應的影響上，同時也表現在對間接擠出效應的影響上。一方面，消費者爲滿足貸款條件所需累積的首付款的額度，會隨著消費信貸額度的增大而增大，在實際累積首付款的期限不變時，每期所需累積的首付款會隨之增大，從而在消費者用於滿足信貸消費的有支付能力的需求（αkR）不變時，擴大對非信貸消費的擠出；另一方面，同樣在消費者用於滿足信貸消費的有支付能力的需求（αkR）不變時，若貸款期限不作相應的延長，則消費者的非信貸消費會因貸款額度增大所導致的每期還本付息額的相應增加而減少。此外，消費信貸額度的增大，意味著投資信貸額度的相對減少，會間接造成 GDP 的相對減少，進而在消費者的消費傾向以及當期可支配的收入佔當期 GDP 的比例不變時，相對減少當期的消費。

其二，利用彈性分析方法來分析消費信貸規模（L）的變化對擠出效應總量（TS）的影響程度。這一分析過程的實質是分析擠出效應總量對貸款規模變化的敏感度，具體表現爲計算擠出效應總量對消費信貸規模的彈性系數，並根據計算結果，得出相應的分析結論的過程。現在，令 E_L 代表擠出效應總量對消費信貸規模的彈性系數，那麼，根據前面對彈性系數含義的解釋，可得到 E_L 的如下表達式：

$$E_L = \lim_{\Delta L \to 0} \frac{\Delta TS}{\Delta L} \frac{L}{TS} = \frac{\partial TS}{\partial L} \frac{L}{TS} \quad (5-2)$$

將 5-1 式和 4-7 式代入該式，即可得到 E_L 的具體表達式。E_L 代表了消費信貸規模變動百分之一時，消費信貸對消費的擠出效應總量變動

的百分數。從表達式 5-2 中可以看出 E_L 大於 0。但是，由於 E_L 的具體數值受制於消費信貸規模（L）、貸款額度占信貸消費品價款的比例（t）、消費者實際累積首付款的期限（m）、消費計劃中信貸消費品占消費品總量的份額（α）、消費者的消費傾向（k）、消費者的收入水平（R）、市場利率水平（r）、貸款期限（n）、貸款利率（i）、消費者當期可支配收入占當期 GDP 的比重（ω），以及信貸投資領域的資金利用效率（φ）等一系列因素，在這裡無法根據這些抽象的代號判斷 E_L 是否大於 1，因而暫時只能借助於這一表達式，爲判斷消費信貸規模對擠出效應總量的影響程度的大小提供一種基本方法，具體的判斷結果還得等進行現實層面分析以後，再作回答。

5.2.2　貸款額度占信貸消費品價款的比例變化對擠出效應的影響

貸款額度占信貸消費品價款總額的比例（以下簡稱「貸款比例」）實際上是首付款比例的另一種表述方式，該比例越高，說明首付款比例越低，反之，則表明首付款比例越高。因此，回答了貸款比例變動對擠出效應總量變動的影響方向和影響程度，實際上就是回答了首付款比例變動對擠出效應總量所產生的影響。

分析貸款比例的變動對擠出效應總量的影響，同樣包括對影響方向的分析和影響程度的分析兩個方面。對影響方向的分析主要借助於邊際分析法，具體表現爲計算擠出效應總量對貸款比例的偏導數，並根據計算結果進行具體分析的過程。根據 4-7 式，可得到擠出效應總量（TS）對貸款比例（t）的偏導數的如下表達式：

$$\frac{\partial TS}{\partial t} = -\frac{\dfrac{L}{t^2}}{m} \cdot \sum_{j=1}^{m} (1+r)^j \tag{5-3}$$

顯然，$\frac{\partial TS}{\partial t} < 0$。這一結果表明：擠出效應總量的變化與貸款比例的變化之間存在負向關係，貸款比例越高，擠出效應就越低。其實，產生這一結果的原因很簡單，貸款比例提高，意味著首付款比例降低；相應地，消費者爲滿足貸款條件而每期需累積的首付款額度下降，在消費者用於滿足信貸消費的有支付能力的需求（αkR）不變時，每期被擠出的非信貸消費減少。

在上述計算結果的基礎上，如果令 E_t 代表擠出效應總量對貸款比例的彈性系數，則根據彈性系數的基本含義，可得到如下表達式：

$$E_t = \lim_{\Delta t \to 0} \frac{\Delta TS}{\Delta t} \cdot \frac{t}{TS} = \frac{\partial TS}{\partial t} \cdot \frac{t}{TS} = -\frac{\frac{L}{t^2}}{m} \cdot \sum_{j=1}^{m} (1+r)^j \cdot \frac{t}{TS} \quad (5-4)$$

把 4-7 式代入該式後，即可得到 E_t 的完整的表達式。該表達式代表著貸款比例變動百分之一時，擠出效應總量相應變動的百分比。該式表明了兩者之間的反向變動關係，但因僅限於理論分析，缺乏實際的數據，因而無法據以判斷其絕對值是大於 1 還是小於 1，這個問題同樣只能留待在做出現實層面的分析後，再作回答。

5.2.3 消費者實際累積首付款的期限的變化對擠出效應的影響

在貸款額度和貸款比例既定的情況下，實際上也就確定了消費者爲滿足貸款條件而需累積的首付款的金額，這時，實際累積付款的期限長短就成了消費者獲得信貸支持前爲累積首付款而擠出非信貸消費的根本決定因素。本書 4.2.2 中列出的 4-1 式表達了因消費者累積首付款而每期擠出的非信貸消費額，從該式中可以看出，當消費者實際累積首付款的期限 $m \geq \dfrac{\frac{L}{t} - L}{\alpha kR}$ 時，將不存在因累積首付款而擠出非信貸消費的現

象，消費者累積首付款的期限越長，不但不存在擠出效應，反而會因此而加大消費信貸對消費的刺激效應。但問題正如在本書4.2.2中所分析的那樣，消費者會因為政府刺激消費的政策誘導和強大的宣傳攻勢，再加上消費示範效應的影響，盡可能縮短累積首付款的實際期限，因此而造成對每期非信貸消費的擠出。從這一意義上說，在消費者累積首付款的實際期限低於本書4.2.2中所闡述的合理期限 $\dfrac{\dfrac{L}{t}-L}{\alpha kR}$ 的情況下，消費者實際累積首付款的期限越長，因累積首付款而擠出的每期消費就越少，反之，則擠出的每期消費就越多。從表面上看，似乎根據這些就可以得出消費者實際累積首付款的期限變動對總擠出效應產生負面影響，即總擠出效應的總量隨著消費者實際累積首付款的期限延長而下降，隨著消費者實際累積首付款的期限縮短而上升的結論。但是，由於累積首付款而產生的擠出效應，即首付款累積效應的總量是以消費者實際得到信貸支持時的終值來衡量的，情況因此而變得複雜，這種複雜性可以在邊際分析過程中得到反應。

根據4-7式，可得到擠出效應總量（TS）對消費者實際累積首付款的期限（m）的偏導數的如下表達式：

$$\frac{\partial TS}{\partial m} = -\frac{\dfrac{L}{t}-L}{m^2} \cdot \sum_{j=1}^{m}(1+r)^j$$
$$+ \left(\frac{\dfrac{L}{t}-L}{m} - \alpha kR\right) \cdot \frac{(1+r)^{m+1}\ln(1+r)}{r} \qquad (5\text{-}5)$$

顯然，無法根據上述計算結果在理論層面上推斷出 $\dfrac{\partial TS}{\partial m}$ 大於0或小於0的確切結論，也就是無法判斷消費者實際累積首付款期限的變化對擠出效應總量的變化產生正向作用還是負向作用。造成這一結果的原因是消費者在獲得信貸支持前因累積首付款而產生的對非信貸消費的擠出效應，是以獲得貸款時的終值來衡量的，這就使消費者實際累積首付款

的期限的變動對擠出效應總量的變化產生兩種方向相反的影響：一方面，這一期限的延長或縮短，會造成消費者每期所需累積的首付款額度的減少或增加，相應地減少或增加消費者獲得貸款前每期因累積首付款而擠出的非信貸消費額度，這是消費者實際累積首付款期限的變化對擠出效應總量變化的負向作用；另一方面，因累積首付款而產生的擠出效應總量是以消費者獲得貸款時的終值表示的，這一期限的延長或縮短，會使以終值表示的消費者在獲得貸款前的擠出效應總量相應地增加或減少，這是消費者實際累積首付款期限的變化對擠出效應總量變化的正向作用。消費者累積首付款的實際期限的變化對擠出效應總量的最終影響取決於這兩種方向相反的影響相抵的結果，這不但受制於這一期限自身的變化，還受制於貸款額度、貸款比例、消費計劃中用於購置信貸消費品的份額、邊際消費傾向、收入水平、市場利率等一系列因素。

現在，若令 E_m 代表當消費者實際累積首付款的期限變動百分之一時，擠出效應總量相應變動的百分數，即擠出效應總量對消費者實際累積首付款的期限的彈性系數，則根據 4-7 式，可以得到 E_m 的如下表達式：

$$E_m = \lim_{\Delta m \to 0} \frac{\Delta TS}{\Delta m} \cdot \frac{m}{TS} = \frac{\partial TS}{\partial m} \cdot \frac{m}{TS} \tag{5-6}$$

把 4-7 式和 5-5 式代入該式後，即可得到 E_m 的完整的表達式。

在這裡，邊際分析旨在為判斷消費者實際累積首付款的期限變動影響擠向擠出效應總量變動的方向提供依據，而在此基礎上進行的彈性分析則旨在據以判斷消費者實際累積首付款的期限變動影響擠出效應總量變動的程度。在本節的開頭部分已經說明，對於理論層面上的分析而言，判斷偏導數是否大於 0 相對較容易。但是，由於前面所提到的複雜性，就分析消費者累積首付款的實際期限變動對擠出效應總量變動的影響而言，這個分析目的難以達到；相應地，彈性分析的目的就更難達到了。這兩個分析目的只能等待在現實層面的分析中實現了，這裡所作的分析只能起到為後面在現實層面上的分析做準備的作用。

5.2.4 消費計劃中信貸消費品占消費品總量的份額變化對擠出效應的影響

消費者在實施具體的消費行為之前，通常會制訂一個消費計劃。消費計劃是消費者對消費行為的一種事先的設想和安排，其中，如何分配信貸消費和非信貸消費在消費總量中各自所占的比重，是消費計劃的重要內容。通常，消費者會根據自身的消費需求以及消費信貸的可獲得性確定信貸消費在消費計劃中所占的份額。一旦在消費計劃中確定了信貸消費品占消費品總量的份額，也就確定了消費者在既定收入水平和消費傾向下，用以滿足信貸消費條件的能力。這種能力在實際獲得信貸支持前，體現為累積首付款的能力；在實際獲得信貸支持，實現了消費目標後，體現為累積還本付息資金的能力。當這種能力與每期累積首付款的要求或每期還本付息的要求之間存在「缺口」時，消費者通常只能選擇壓縮非信貸消費的方式來填補「缺口」，這就形成了消費信貸對非信貸消費的擠出。因此，在消費者的消費計劃中，信貸消費品占消費品總量的份額是影響擠出效應大小的直接因素，其影響擠出效應總量變化的方向，可以通過計算擠出效應總量對該「份額」的偏導數來得到反應。

根據4-7式，可得到擠出效應總量（TS）對消費計劃中信貸消費品在消費品總量中所占的份額（α）的偏導數的如下表達式：

$$\frac{\partial TS}{\partial \alpha} = -kR\left[\sum_{j=1}^{m}(1+r)^j + \sum_{h=1}^{n}\frac{1}{(1+r)^h}\right] \tag{5-7}$$

顯然，由於k、R和r都大於0，因而$\frac{\partial TS}{\partial \alpha} < 0$。這一結果表明：消費者的消費計劃中信貸消費品占消費品總量的份額變化對擠出效應總量的變化有負向作用，消費信貸對消費的擠出效應會隨著消費者擴大信貸消費品在消費計劃中所占的比重而下降。從這一意義上說，當消費者的所有消費都通過信貸消費方式實現時，消費信貸對消費的擠出效應也就

不存在了，這與本書 1.3.1 中所強調的「擠出效應具體表現爲受到信貸支持的消費行爲對不能得到信貸支持的消費行爲的擠出」具有一致的含義。儘管如此，這裡還是要強調，信貸消費品在消費計劃中占多大的份額，起決定作用的除了消費者本人以外，還有信貸消費品的供給，說得更具體點，就是消費信貸能覆蓋到哪些消費品上。因此，在消費者的消費計劃中，信貸消費品占消費品總量的份額是可以通過調整消費信貸的覆蓋面而加以引導和優化的。

既然消費者的消費計劃中信貸消費品在消費品總量中所占的份額對擠出效應總量產生負向作用，那麼其作用的程度又如何呢？這還是需要借助於擠出效應總量對消費計劃中信貸消費品所占的份額的彈性系數指標來說明。若令 E_α 代表擠出效應總量對這一「份額」的彈性系數，則根據前面邊際分析的結果，可以得到彈性系數指標的如下表達式：

$$E_\alpha = \lim_{\Delta\alpha \to 0} \frac{\Delta TS}{\Delta \alpha} \cdot \frac{\alpha}{TS} = \frac{\partial TS}{\partial \alpha} \cdot \frac{\alpha}{TS}$$

$$= -kR\left[\sum_{j=1}^{m}(1+r)^j + \sum_{h=1}^{n}\frac{1}{(1+r)^h}\right] \cdot \frac{\alpha}{TS} \qquad (5-8)$$

把 4-7 式代入該式後，即可得到 E_α 的完整的表達式。E_α 表示消費者的消費計劃中信貸消費品所占的份額變動百分之一所引起的擠出效應總量變動的百分比，這一百分比的具體數值需要在後面的現實層面上的分析中得出。

5.2.5 用信貸方式實現消費目標的消費者收入水平的變化對擠出效應的影響

用信貸方式實現消費目標的消費者收入水平的變化對擠出效應總量的影響主要表現在兩個階段：在消費者獲得信貸支持，滿足信貸消費需求之前，收入水平的高低主要影響消費者累積首付款的能力；在消費者獲得信貸支持，滿足信貸消費需求之後，收入水平的高低主要影響消費

者累積還本付息資金的能力。通過計算擠出效應總量對消費者收入水平的偏導數，可以看出消費者收入水平變化影響擠出效應總量變化的方向。

$$\frac{\partial TS}{\partial R} = -\alpha \left[k'(R) R + k(R) \right] \cdot \left[\sum_{j=1}^{m} (1+r)^j + \sum_{h=1}^{n} \frac{1}{(1+r)^h} \right]$$

(5-9)

在這裡，考慮到了 $k = k(R)$ 以及 $k'(R) < 0$，同時，根據本書 4.2.1 中的假設之五，可以得出 $k'(R)R + k(R) > 0$ 的結論，因而 $\frac{\partial TS}{\partial R} < 0$。這一計算結果表明：隨著以信貸方式實現消費目標的消費者的收入水平的提高，消費信貸對消費的擠出效應總量將隨之下降。這同樣說明，在以信貸方式實現消費目標的消費者的收入水平較低時，消費信貸擠出消費的總量較高。因為當消費者的收入水平較低時，消費者在既定的消費傾向和消費計劃中既定的信貸消費份額下，累積首付款以及累積還本付息資金的能力也較低；相應地，這種能力與每期累積首付款的要求或每期還本付息的要求之間的「缺口」也較大，對非信貸消費的擠出也就更多。如果設想消費信貸在消費者收入水平為 0 的情況下出現，姑且不去考慮消費者是否有能力償還貸款本息的問題，就因此而造成的信貸消費對非信貸消費的擠出而言，那將是百分之百的擠出，而且被擠出的還不是引致性消費，而完全是自發性消費。這可以在一定程度上解釋為什麼在銀行信貸業務出現之初，消費信貸並沒有立即出現，而是等到經濟有了一定程度的發展，消費者的收入水平達到一定高度後才出現。若換一個角度，則可以把這種情況理解為只有在消費者的收入水平達到一定高度後，消費信貸才能有效地刺激消費。中國的消費信貸是在剛剛結束短缺經濟時代的 20 世紀 90 年代末期發展起來的，是在面對東南亞金融危機的衝擊，出口對經濟增長的拉動作用明顯削弱，內需不得不充當拉動經濟增長的「主力軍」的背景下，被推上「刺激消費」這一舞臺的，可以說是「受命於危難之間」。事實上，當時消費者的收入水平並沒有達到能使消費信貸對消費的刺激作用有效發揮的程度，因而

消費信貸對消費的擠出效應從一開始就是非常嚴重的。時至今日，消費者的收入水平雖然已經有了一定程度的提高，但是其在擠出效應的形成過程中所起的作用依然不能被忽視。

在明確了用信貸方式實現消費目標的消費者的收入水平對擠出效應總量的變動有負向作用以後，為了判斷其影響程度，現在令 E_R 代表擠出效應總量對消費者收入水平的彈性系數，即當用信貸方式實現消費目標的消費者的收入水平變動百分之一時，擠出效應總量相應變動的百分數。根據4-7式及上述計算結果，可得到 E_R 的如下表達式：

$$E_R = \lim_{\Delta R \to 0} \frac{\Delta TS}{\Delta R} \cdot \frac{R}{TS} = \frac{\partial TS}{\partial R} \cdot \frac{R}{TS}$$

$$= -\alpha [k'(R) R + k(R)] \cdot \left[\sum_{j=1}^{m} (1+r)^j + \sum_{h=1}^{n} \frac{1}{(1+r)^h} \right] \cdot \frac{R}{TS}$$

(5-10)

把4-7式代入該式後，即可得到 E_R 的完整的表達式。與前面的分析結果一樣，E_R 的具體結果及相應的分析結論只能在後面的現實層面的分析中得出。

5.2.6 消費者的消費傾向的變化對擠出效應的影響

消費傾向反應的是消費支出與收入之間的對比關係，可分為平均消費傾向和邊際的消費傾向兩種類別。平均消費傾向是指消費者當期的消費支出與當期的收入之比；邊際消費傾向是指消費者當期的消費支出增量與當期的收入增量之比。由於計算平均消費傾向時，消費支出中包含消費者的自發性消費，而計算邊際消費傾向時，消費支出增量中只有引致性消費的增量，沒有自發性消費的增量，因而平均消費傾向通常高於邊際消費傾向。無論是平均消費傾向還是邊際消費傾向，都有一個共同特點，那就是有隨著消費者收入水平提高而逐步遞減的趨勢。在這裡，消費傾向是指消費者的平均消費傾向。

與消費者的消費計劃中信貸消費品占消費品總量的份額一樣，消費者的消費傾向也是影響擠出效應總量的重要因素。消費者的消費傾向一旦確定，也就確定了消費者在既定收入水平和消費計劃中既定的信貸消費份額下，用以滿足信貸消費條件的能力，這種能力同樣體現為消費者累積首付款或累積還本付息資金的能力。同樣，當這種能力與每期累積首付款的要求或每期還本付息的要求之間存在「缺口」時，會因消費者不得不選擇壓縮非信貸消費的方式來填補「缺口」而形成消費信貸對非信貸消費的擠出。所不同的是，消費者的消費傾向對擠出效應總量的影響，不僅表現為影響直接擠出效應，還體現在對間接擠出效應的影響上。消費信貸替代投資信貸以後，在「投資乘數原理」的作用下，會引起產出在一個時間序列上的相對下降，而產出的相對下降必然會傳導到消費者可支配的收入水平上，從而在既定的邊際消費傾向下影響擠出效應的總量。由此可以看出，消費傾向的變化作用於擠出效應的過程比消費計劃中信貸消費所占的份額作用於擠出效應的過程要複雜，這會體現在邊際分析的過程和結果中。關於這一點，將在邊際分析的過程和結果中得到進一步地體現。

根據4-7式，可得到擠出效應總量（TS）對消費者的消費傾向（k）的偏導數的如下表達式：

$$\frac{\partial TS}{\partial k} = \frac{\omega \varphi L}{r+k} - \alpha R \left[\sum_{j=1}^{m} (1+r)^j + \sum_{h=1}^{n} \frac{1}{(1+r)^h} \right] \quad (5-11)$$

在理論層面的分析上，無法判斷 $\frac{\partial TS}{\partial k}$ 是否大於 0，因而也無法得出隨著消費者的消費傾向的變化，消費信貸對消費的擠出效應會相應地增加或減少的確切結論。出現這種情況的原因是消費傾向的變化對直接擠出效應和間接擠出效應的影響是反向的。在消費者的消費傾向提高時，一方面，在既定的收入水平和消費計劃中的既定信貸消費「份額」下，消費者累積首付款或累積還本付息資金的能力會得到提高，從而削弱消費信貸直接擠出非信貸消費的力度；另一方面，消費信貸對消費的間接擠出效應會隨著消費者的消費傾向提高而上升。當消費者的消費傾向下

降時，前述過程會以相反的形式出現。因此，消費傾向變化對擠出效應的最終影響是兩種方向相反的作用相抵後的結果。儘管最終結果必然表現爲「不是東風壓倒西風，就是西風壓倒東風」，但是這一結果在理論分析的層面上是不會出現的，只能等待在現實層面的分析中出現了。

在上述計算結果的基礎上，現在令 E_k 表示擠出效應總量對消費者消費傾向的彈性系數，用以衡量彈性的大小，根據4-7式及上述計算結果，可得到 E_k 的如下表達式：

$$E_k = \lim_{\Delta k \to 0} \frac{\Delta TS}{\Delta k} \cdot \frac{k}{TS} = \frac{\partial TS}{\partial k} \cdot \frac{k}{TS}$$

$$= \left\{ \frac{\omega \varphi L}{r+k} - \alpha R \left[\sum_{j=1}^{m} (1+r)^j + \sum_{h=1}^{n} \frac{1}{(1+r)^h} \right] \right\} \cdot \frac{k}{TS} \quad (5-12)$$

把4-7式代入該式後，即可得到 E_k 的完整的表達式。該表達式代表了當消費者的消費傾向變動百分之一時，消費信貸對消費的擠出效應總量相應變動的百分數，具體的分析結論在理論層面的分析中無法得到，但在後面的現實層面的分析中能得出相應的結論。

5.2.7 消費信貸的期限變化對擠出效應的影響

在貸款額度和貸款利率既定的情況下，貸款期限就成了決定消費者在獲得信貸支持後，每期所需償還貸款本息的決定因素。這時，實際累積付款的期限長短就成了消費者獲得信貸支持前爲累積首付款而擠出非信貸消費的根本決定因素。本書4.2.2中列出的4-2式表達了因消費者累積還本付息資金而每期擠出的非信貸消費額。從該式中可以看出，當消費者的收入水平、消費傾向和消費計劃中信貸消費品在消費品總量中所占的份額既定時，貸款期限的長短就成了消費者在獲得信貸支持後爲了還本付息而每期擠出非信貸消費的根本決定因素。本書4.2.2中的分析已經表明，消費者每期需償還的貸款本息額會隨著貸款期限的延長而下降；相應地，消費者獲得貸款後，消費信貸對消費的擠出額會隨著貸

款期限的延長而減少，甚至消失。因此，只要貸款期限足夠長，不但消費者因貸後還本付息而導致的消費信貸對消費的擠出效應能消失，而且還能增強消費信貸對消費的刺激作用。然而，「有多少錢辦多少事」的傳統消費觀念和不夠成熟的負債消費觀念的衝突，往往使消費者在兩者之間尋求「折衷」，在接受負債消費觀念並實施負債消費行爲的同時，盡可能縮短負債期限，以致超過自身收入的承受能力，通過擠壓非信貸消費的方式，來滿足因此而增加的每期還本付息的資金需求，再加上銀行對貸款期限的嚴格限制（如規定了貸款的最長期限、強調在規定的最長期限內貸款的到期日不得超過借款人的法定退休年齡等），使貸款後因消費者（借款人）每期還本付息而引發的對非信貸消費的擠出效應一直居高不下。這樣的分析表明，在貸款的實際期限短於足以消除因消費者貸後還本付息而導致的對消費的擠出效應的情況下，貸款的實際期限越長，因消費者還本付息而擠出的每期消費額就越少，反之，則擠出的每期消費額就越多。從表面上看，似乎根據這些就可以得出貸款實際期限的變動對總擠出效應有負面影響，即總擠出效應隨著貸款期限的延長而下降，隨著貸款期限的縮短而上升的結論。但是，由於消費者貸後還本付息而產生對非信貸消費的擠出效應，即本息償還效應的總量是以消費者實際得到信貸支持時的現值來衡量的，情況因此而變得複雜，這種複雜性可以在邊際分析過程中得到反應。

根據 4-7 式，可得到擠出效應總量（TS）對實際貸款期限（n）的偏導數的如下表達式：

$$\frac{\partial TS}{\partial n} = -L \cdot \frac{i(1+i)^n \ln(1+i)}{[(1+i)^n - 1]^2} \cdot \sum_{h=1}^{n} \frac{1}{(1+r)^h}$$
$$+ \left[L \cdot \frac{i(1+i)^n}{(1+i)^n - 1} - \alpha kR \right] \cdot \frac{\ln(1+r)}{r(1+r)^n} \quad (5-13)$$

在這裡，同樣無法根據上述計算結果推斷出 $\frac{\partial Ts}{\partial n}$ 大於 0 或小於 0 的確切結論。其原因在於實際貸款期限 n 的變動，能對以獲得貸款時的現值表示的因消費者還本付息而形成的對非信貸消費的實際擠出額的變

化，產生兩種方向相反的影響：一方面，貸款期限的延長或縮短能減少或增加消費者每期所需償還的貸款本息額度，使以消費者獲得貸款時的現值表示的擠出效應下降或上升，這是貸款期限變化對擠出效應總量變化的負向作用；另一方面，貸款期限的延長或縮短，會導致貸款利息和還款次數的增加或減少，並使還款時間延長或縮短，使以消費者獲得貸款時的現值表示的擠出效應上升或下降，這是貸款期限變化對擠出效應總量變化的正向作用。由此可見，貸款期限變化對擠出效應總量變化的最終影響取決於上述兩種方向相反的影響對比的結果，這不但受制於貸款期限自身的變化，還受貸款利率、市場利率、消費者的收入水平、消費傾向以及消費計劃中信貸消費品占消費品總量的份額等因素的影響。因此，確切的結果需留待從現實層面的分析中得出。

為了從理論上描述貸款期限變化對擠出效應總量變化的影響程度，並為後面在現實層面上的進一步分析做準備，現在令 E_n 代表貸款期限變動百分之一時，擠出效應總量相應變化的百分比，即擠出效應總量變動對貸款期限變動的彈性係數，那麼，根據4-7式可得到 E_n 的如下簡略表達式：

$$E_n = \lim_{\Delta n \to 0} \frac{\Delta TS}{\Delta n} \cdot \frac{n}{TS} = \frac{\partial TS}{\partial n} \cdot \frac{n}{TS} \qquad (5\text{-}14)$$

把4-7式和5-13式代入該式後，即可得到 E_n 的完整的表達式。

5.2.8 市場利率水平對擠出效應的影響

市場利率在這裡被用作貼現率和計算終值的依據，其變動對擠出效應總量變動的影響具體表現在貸前擠出效應的終值和貸後擠出效應（包括直接擠出效應和間接擠出效應）的現值會隨著該市場利率的變動而變動。因此，市場利率變化對擠出效應的影響，不但出現在直接擠出效應的兩個不同階段（貸前和貸後）上，也出現在產生間接擠出效應的整個過程中，其對擠出效應總量變化的影響也因此而變得複雜。

根據 4-7 式，可得到擠出效應總量（TS）對市場利率水平（r）的偏導數的表達式如下：

$$\frac{\partial TS}{\partial r} = \left(\frac{\frac{L}{t}-L}{m}-\alpha kR\right)\cdot \frac{(1+r)^m(mr-1)+1}{r^2}$$

$$+\left[L\cdot\frac{i(1+i)^n}{(1+i)^n-1}-\alpha kR\right]\cdot\frac{1+r+nr-(1+r)^{n+1}}{r^2(1+r)^{n+1}}+\left[-\frac{k\omega\varphi L}{(r+k)^2}\right] \quad (5-15)$$

該表達式可以分解為三個獨立的組成部分，其中，第一個組成部分是 $\left(\dfrac{\frac{L}{t}-L}{m}-\alpha kR\right)\cdot\dfrac{(1+r)^m(mr-1)+1}{r^2}=\dfrac{\partial DS_b}{\partial r}$，是消費者在獲得信貸支持前為了累積首付款而導致的擠出效應對市場利率的偏導數；第二個組成部分是 $\left[L\cdot\dfrac{i(1+i)^n}{(1+i)^n-1}-\alpha kR\right]\cdot\dfrac{1+r+nr-(1+r)^{n+1}}{r^2(1+r)^{n+1}}=\dfrac{\partial DS_a}{\partial r}$，是消費者在獲得信貸支持後為了累積還本付息的資金而導致的擠出效應對市場利率的偏向導數；第三個組成部分是 $-\dfrac{k\omega\varphi L}{(r+k)^2}=\dfrac{\partial IS}{\partial r}$，是消費信貸替代投資信貸而導致的間接擠出效應對市場利率的偏導數。顯而易見，$\dfrac{\partial IS}{\partial r}<0$；在消費者因累積首付款而擠出非信貸消費的情況下，$\dfrac{\frac{L}{t}-L}{m}-\alpha kR>0$，同時，由於 $m>0$，由此可以證明 $\dfrac{(1+r)^m(mr-1)+1}{r^2}>0$，因此，$\dfrac{\partial DS_b}{\partial r}>0$；同樣，在消費者因每期還本付息而對非信貸消費產生擠出的情況下，$L\times\dfrac{i(1+i)^n}{(1+i)^n-1}-\alpha kR>0$，與此同時，由於 $n>0$，由此可以證明 $\dfrac{1+r+nr-(1+r)^{n+1}}{r^2(1+r)^{n+1}}<$

0，因此，$\frac{\partial DS_a}{\partial r} < 0$。

由此可以看出，市場利率變化在消費者獲得貸款前後對擠出效應有著不同的影響：在消費者獲得貸款前，擠出效應總量會隨著市場利率的上升而增加；而在消費者獲得貸款後，無論是因消費者還本付息而產生的直接擠出效應，還是因消費信貸替代投資信貸而產生的間接擠出效應，都會隨著市場利率的上升而下降。造成這一結果的原因在於：消費者獲得貸款前的總擠出效應是以獲得貸款時的終值來表示的，而消費者獲得貸款後的總擠出效應則是以獲得貸款時的現值來表示的，因而利率變化對這兩個不同階段的擠出效應的影響方向是相反的。可見，利率變化與消費信貸對消費的總體擠出效應之間沒有確定的正向或負向關係，其發揮影響的最終方向取決於消費者獲得貸款前後兩種方向相反的影響相抵後的結果，這又受制於貸款額度及其占信貸消費品價款的比例、消費者實際累積首付款的期限、消費者的消費計劃中信貸消費品占消費品總量的份額、消費者的消費傾向和收入水平、貸款期限、消費者可支配收入占當年 GDP 的比重，以及信貸投資領域的資金利用效率等一系列因素。因此，最終的結果也只能由現實層面的分析來回答。

爲了從理論上描述市場利率變化對擠出效應總量變化的影響程度，並爲後面在現實層面上的進一步分析做準備，現在令 E_r 代表貸款期限變動百分之一時，擠出效應總量相應變化的百分比，即擠出效應總量變動對市場利率變動的彈性系數，那麼，根據 4-7 式可得到 E_r 的如下簡略表達式：

$$E_r = \lim_{\Delta r \to 0} \frac{\Delta TS}{\Delta r} \cdot \frac{r}{TS} = \frac{\partial TS}{\partial r} \cdot \frac{r}{TS} \tag{5-16}$$

把 4-7 式和 5-15 式代入該式後，即可得到 E_r 的完整的表達式。

5.2.9 貸款利率水平的變化對擠出效應的影響

在調控消費市場的供求關係時，以貸款利率水平爲調節手段的情況比較常見，其突出表現形式是通過調整住房按揭貸款利率來影響住房需求，進而調控房價。調整利率的主要方式爲以基準利率的調整爲基礎，使住房貸款基礎利率「水漲船高」的同時，根據不同的住房需求情況，確定不同的利率浮動幅度。這在 2005 年和 2009 年控制住房價格和 2007 年年底及 2008 年年初「保房價」的過程中表現得尤爲明顯。這種利率調整，旨在調節對貸款的需求，而不是爲了影響這裡所說的擠出效應。雖然在這一過程中，影響到了消費信貸對消費的擠出效應，但那也只是「無心插柳」而已。事實上，利率的任何變化都會影響到消費者每期所需償付的利息，這必然會在消費者每期累積還本付息資金的能力與每期還本付息的要求之間的「缺口」上得到反應，並進一步傳導到消費者爲填補這一「缺口」而實施的壓縮非信貸消費的行爲上。這是調整消費信貸利率的必然結果，至於決策者調整住房按揭貸款利率的「初衷」——調控貸款需求並以此控制住房價格——能否實現，則值得懷疑。雖然這一點與這裡所要研究的問題關係不大，但考慮到會影響到後面計算過程中變量的選擇，所以有必要把它說清楚。

筆者認爲，至少有以下原因會使利率調整對消費信貸的需求難以產生真正的影響：①中國消費信貸中占絕對比重的是住房按揭貸款，這類貸款的額度大，且期限長，雖然利率調高會加重消費者的利息負擔，但相對於巨額的貸款本金而言，增加的利息負擔是難以真正觸動「滿懷激情」的消費者並不敏感的資金成本這根「神經」的。例如，對於一筆金額爲 600,000 元，期限爲 10 年的貸款而言，在採用等額本金償還方式的情況下，貸款期內的月平均余額爲 302,500 元〔(600,000+5,000)÷2〕，若貸款年利率增加一個百分點，則平均每月增加的利息負擔約爲 252 元，相對於巨額貸款本金，消費者對這一點利息增量不會有太明顯

的感觸。利率調整體現了貸款期內的不確定性，對消費者來說這是一種風險，而風險容忍系數的表達式表明，人們對風險的承受能力與其財富量成正比。通常，貸款額度與借款人的財富規模也是正相關的，從這一意義上說，貸款額度越大，借款人容忍利率調整風險的能力就越強，利率對貸款需求的調節作用就越弱，這也許可以用來解釋爲什麼近年來儘管房貸利率一再上調，而住房按揭貸款規模卻依然維持強勁增勢。②住房是生活必需品，面對不健全的住房保障制度，按揭購房已成爲城鎮居民解決住房問題的主要手段，在這種情況下，消費者的住房貸款需求必然失去對利率變動的敏感性。③中國消費信貸中的主要構成部分——住房貸款和汽車貸款——在貸款期內均實行可調整利率，但在計算利息時，並不考慮當年發生的利率調整，而是從下年初才開始執行新利率，這表明利率調整對當年貸款需求的影響是不充分的，在當年利率調整前的貸款需求不會受到影響；利率調整後的貸款需求受影響的程度取決於當年宣布調整利率的具體時間，如果年末宣布調整利率，則對當年的貸款需求幾乎沒有影響。④即使在年初宣布調整利率，對貸款需求的影響也不明顯。因爲住房按揭貸款在消費信貸中佔有絕大比重，這類貸款期限很長，通常能橫跨相鄰的兩個經濟週期，而在相鄰的兩個經濟週期中，利率的變動趨向是相反的，因此，消費者在整個貸款期內的總體利息負擔不會因利率調整而發生明顯的改變。雖然對短期消費信貸的借款人來說，利率調整所產生的影響不會被「對沖」，但因該類貸款通常額度較小，所以借款人對利息變動基本上沒有敏感性。再說，這類貸款中的很大部分表現爲信用卡透支形式，這種形式的消費信貸都有 20~50 天的免息還款期，消費者通常都會在免息還款期內償還，即使過期，利率也是事先明確規定了的，不會受利率調整的影響。基於這些理由，筆者認爲，在中國現實經濟條件下，利率並不會影響消費信貸的規模。因此，在下面分析利率變動對擠出效應總量的影響時，就沒必要把貸款額度看作利率的函數了，這就在一定程度上簡化了計算和分析的手續。

根據 4-7 式，可得到擠出效應總量（TS）對貸款利率水平（i）的偏導數的如下表達式：

$$\frac{\partial Ts}{\partial i} = L \cdot \sum_{h=1}^{n} \frac{1}{(1+r)^h} \cdot \frac{(1+i)^{n-1}[(1+i)^{n+1} - (1+i) - ni]}{[(1+i)^n - 1]^2}$$
(5-17)

顯然，$L \sum_{h=1}^{n} \frac{1}{(1+r)^h} \cdot \frac{(1+i)^{n-1}}{[(1+i)^n - 1]^2} > 0$。現在令 $Q = (1+i)^{n+1} - (1+i) - ni$，並考慮到 $i > 0$，那麼 $\frac{\partial Q}{\partial i} = (n+1)[(1+i)^n - 1] > 0$。這表明 Q 在 i 的取值範圍內單調增加，同時，由於 $\lim_{i \to 0} Q(i) = 0$，可推知 $\frac{\partial Ts}{\partial i} > 0$。這一結果表明：隨著消費信貸利率的上升，消費信貸對消費的擠出效應總量也將上升，反之亦然。

同樣，爲了從理論上描述消費信貸利率變化對擠出效應總量變化的影響程度，並爲後面在現實層面上的進一步分析做準備，現在令 E_i 代表貸款利率變動百分之一時，擠出效應總量相應變動的百分比，即擠出效應總量變動對貸款利率變動的彈性係數，那麼，根據 4-7 式可得到 E_i 的如下簡略表達式：

$$E_i = \lim_{\Delta i \to 0} \frac{\Delta TS}{\Delta i} \cdot \frac{i}{TS} = \frac{\partial TS}{\partial i} \cdot \frac{i}{TS}$$
(5-18)

把 4-7 式和 5-17 式代入該式後，即可得到 E_i 的完整的表達式。

5.2.10 消費者收入水平占當年 GDP 的比重對擠出效應的影響

消費者收入水平占當年 GDP 的比重對擠出效應總量的影響主要體現在對間接擠出效應的影響上。本書 3.2 和 4.3.2 的分析已表明，消費信貸替代投資信貸以後，投資的相對減少會在當年 GDP 的相對減少上得到相應的體現，而 GDP 的相對減少必然會傳導到當年消費者的收入水平上，並進一步在消費者的消費行爲和消費額度上得到反應。因此，

當年消費者收入水平與 GDP 之間的比例關係是影響消費信貸對消費的間接擠出效應的重要因素。根據 4-7 式，得到擠出效應總量（TS）對消費者當年收入水平占當年 GDP 比重（ω）的偏導數的如下表達式：

$$\frac{\partial TS}{\partial \omega} = \frac{k\varphi L}{r+k} \qquad (5-19)$$

顯然，$\frac{\partial TS}{\partial \omega} > 0$，這表明：隨著消費者收入水平占當年 GDP 的比重的上升，消費信貸對消費的擠出效應會擴大。也就是說，消費信貸對消費的擠出效應與國民收入分配時向個人傾斜的力度正相關。至於兩者之間的關聯度有多強，則可借助於擠出效應總量對消費者收入水平占當年 GDP 的比重的彈性系數來反應。若令 E_ω 代表這一彈性系數，則可根據 4-7 式和上述計算結果得到 E_ω 的如下表達式：

$$E_\omega = \lim_{\Delta\omega \to 0} \frac{\Delta TS}{\Delta \omega} \cdot \frac{\omega}{TS} = \frac{\partial TS}{\partial \omega} \cdot \frac{\omega}{TS} = \frac{k\varphi L}{r+k} \cdot \frac{\omega}{TS} \qquad (5-20)$$

把 4-7 式代入該式後，即可得到 E_ω 的具體表達式。在此基礎上，根據現實層面的分析，即可對消費者收入水平占當年 GDP 的比重影響擠出效應總量的程度作出具體判斷。

5.2.11 信貸投資領域資金利用效率對擠出效應的影響

信貸投資領域的資金利用率是通過影響消費信貸對消費的間接擠出效應進而影響擠出效應總量的又一個重要因素。消費信貸替代投資信貸後，在使 GDP 因投資減少而減少的同時，因消費增加而增加，如果前者減少的數額大於後者增加的數額，則在消費者可支配收入占 GDP 的比重和消費者的消費傾向既定的情況下，導致消費信貸對消費的間接擠出效應中的絕對擠出，反之，則導致消費信貸對消費的間接擠出效應中的相對擠出。具體出現哪種結果，則受制於消費信貸資金和投資信貸資金各自運用領域的資金利用效率。因此，信貸投資領域資金利用效率的

變化不但影響著擠出效應總量的變化，就推動經濟增長而言，還影響著消費信貸替代投資信貸的合理性。就信貸投資領域資金利用效率對擠出效應總量的影響而言，擠出效應總量會隨著信貸投資領域資金利用效率的提高而上升，這一結論可以從邊際分析結果中得出。

根據4-7式，可得到擠出效應總量（TS）對信貸投資領域資金利用效率（φ）的偏導數的如下表達式：

$$\frac{\partial TS}{\partial \varphi} = \frac{k\omega L}{r+k} \tag{5-21}$$

顯然，$\frac{\partial TS}{\partial \varphi} > 0$。至於信貸投資領域資金利用效率的變動對擠出效應總量變動的影響程度如何，則可通過分析擠出效應總量對投資領域資金利用效率的彈性系數來作出判斷。若令 E_φ 代表這一彈性系數，則可根據4-7式和上述計算結果得到 E_φ 的如下表達式：

$$E_\varphi = \lim_{\Delta\varphi \to 0} \frac{\Delta TS}{\Delta \varphi} \cdot \frac{\varphi}{TS} = \frac{\partial TS}{\partial \varphi} \cdot \frac{\varphi}{TS} = \frac{k\omega L}{r+k} \cdot \frac{\varphi}{TS} \tag{5-22}$$

把4-7式代入該式後，即可得到 E_φ 的具體表達式。在此基礎上，再根據即將進行的現實層面的分析，就可對信貸投資領域的資金利用效率影響擠出效應總量的程度作出具體判斷。

5.3 現實層面的分析

前面已在理論層面上借助於邊際分析和彈性分析的方法，對各因素影響擠出效應總量的方向和程度作了一般分析。由於一般分析本身的局限性，在關於各因素影響擠出效應總量的方向這一問題上，除了貸款規模、貸款額度占信貸消費品價款的比例、消費計劃中信貸消費品占消費品總量的份額、用信貸方式實現消費目標的消費者的收入水平、貸款利率水平、消費者收入占當年 GDP 的比重、信貸投資領域的資金利用效

率以外，其他因素的影響方向均無法確定，需借助於現實層面的分析來確定；至於各因素影響擠出效應總量的程度，則在理論層面的一般分析中均無法得出結論，所作的分析僅僅起到了爲現實層面的分析做準備的作用。因此，要得出各因素影響擠出效應總量的具體結論，就必須在現實層面上作具體分析。

5.3.1 影響擠出效應總量的各因素在現實中的具體表現

爲了從現實層面上具體分析各因素影響消費信貸對消費的擠出效應總量的方向和程度，必須先確定各影響因素在現實中的具體表現。對此，筆者根據國家統計局和中國人民銀行公布的相關數據，並結合自身的實地抽樣調查以及分析推斷，來描述各影響因素在現實中的具體表現。同時，考慮到中國目前的消費信貸業務的服務對象主要是城鎮居民，因此，在描述各因素的具體表現時，主要立足於城鎮居民的相關資料。另外，鑒於國家統計局相關統計數據公布時間的滯後性，筆者出於對相關數據的可獲得性的考慮，這裡以 2014 年的數據作爲分析的基本依據。

（1）消費信貸規模

根據中國人民銀行公布的統計數據，截至 2014 年年末，中國的消費貸款總額爲 153,659.68 億元，比上年末增加 23,938.66 億元。其中，中長期消費貸款余額 121,168.95 億元，比上年末增加 18,005.87 億元[①]。由於擠出消費主要是期限相對較長、額度較大的中長期消費信貸，因此，在確定作爲分析依據的消費信貸規模時，立足於中長期消費貸款，而對額度較小、消費貸款總額中所占比重也較小的短期消費貸款

---

① 數據根據中國人民銀行《金融機構人民幣信貸收支表》（2013—2014）的相關數據整理後得到。

則予以忽略，這樣做有利於簡化分析手續，同時不會對分析結果產生明顯地影響。另外，消費貸款的余額是逐年累計出來的，能對消費產生新的擠出效應的只是其中的增量部分，所以能作爲分析依據的消費貸款規模不應以其余額來表示，而應以其當期的增量來表示。基於這樣的思考，這裡把 2014 年度新增加的中長期消費貸款額度（即人民幣 18,005.87 億元）作爲分析擠出效應時所依據的貸款規模。

（2）貸款額度占信貸消費品價款的比例

貸款額度占信貸消費品價款的比例是與首付款比例密切相關的指標，兩者是對同一問題的不同表現形式。根據近年來消費信貸的實踐，首付款比例雖然隨著調控要求的不同而有所波動，但通常都保持在30%左右，即貸款額度占信貸消費品價款的比例通常維持在70%左右。因此，在本書中，把這一指標值作爲分析的依據。

（3）消費者實際累積首付款的期限

關於消費者實際累積首付款的期限，並無可供直接利用的統計資料，要瞭解這一實際情況，唯一的方法就是實地調查。爲此，筆者專門在江蘇無錫、南京、揚州、鹽城和徐州五個城市，對貸款消費者進行了隨機訪問，考慮到中長期消費信貸的主體是住房貸款和汽車貸款，訪問地點集中在房地產開發商的售樓部和汽車 4S 店，共計訪問了貸款購房者 270 人，貸款購者車者 30 人。依據消費者回答的從作出信貸消費決策到具體實施信貸消費行爲的時間，再根據其原有的儲蓄中可用於支付首付款的金額，將消費者自述的作出信貸消費決策的時間適當前移後，得出每個消費者累積首付款的具體時間。在此基礎上，以每個消費者所需支付的首付款作爲權數，計算出消費者累積首付款的加權平均期限爲 2.62 年。爲了便於計算並增強分析結果的可信度，筆者在前述調查和測算的基礎上，作了較爲保守的估計，在具體分析時，把消費者累積首付款的期限確定爲 3 年。

（4）消費者的消費計劃中信貸消費品占消費品總量的份額

從表面上看，消費計劃中信貸消費品占消費品總量的份額是由制訂消費計劃的消費者自主決定的，但正如本書 5.2.4 中所強調的那樣，決

定這一份額的除了消費者自身以外，還有一個重要的因素，那就是消費信貸的覆蓋面。一旦對某一消費品的消費能獲得信貸支持，消費者在消費時通常就會借助於信貸方式（當然，並不是所有消費者在消費某一商品時都借助於信貸方式，那是因爲有些消費者在消費這一商品時不存在流動性約束，不需要借助於信貸方式，因而就不在本書所研究的範圍之內了）。因此，就消費者總體而言，在確定消費計劃中信貸消費品占消費品總量的份額時，真正起決定作用的並非消費者自身，而是消費信貸的可獲得性。鑒於這一現實，在從現實層面上分析各因素對擠出效應總量變動的具體影響時，可以用消費者當年以信貸方式實現的消費額占當年居民消費支出總額的比重來代替消費計劃中信貸消費品占消費品總量的份額。根據中國人民銀行公布的統計資料，2014年度新增的消費信貸額度爲 23,938.66 億元[①]，在貸款比例爲 70% 時，可實現的信貸消費額約爲 34,198.08 億元（23,938.66÷0.70≈34,198.08），另外，根據國家統計局公布的數據，2014年度城鎮居民消費支出總額爲 188,353.40 億元。據此，就可以計算出 2014 年度借助於信貸方式實現的消費占當年城鎮居民消費支出總額的比重（即消費計劃中信貸消費品在消費品總量中所占的份額的替代指標）約爲 18.16%（34,198.08÷188,353.40≈18.16%）。

（5）用信貸方式實現消費目標的消費者的收入水平

國家統計局已經公布了 2014 年城鎮居民的人均可支配收入及年末人口數，從表面上看，把兩者相乘即可得到城鎮居民的可支配收入總額。但是，根據對國家統計局在以前各年中公布的城鎮居民消費支出總額和人均消費支出總額的分析，發現城鎮居民的消費支出總額並非人口數與人均消費支出總額的乘積，事實是，國家統計局公布的城鎮居民消費支出總額遠超過兩者的乘積。這一現象表明，人口數和人均消費支出的統計口徑是不一致的。同時，國家統計局對統計指標的相關解釋表明，城鎮居民的人均可支配收入和農村居民人均純收入的統計口徑與人均消費支出的統計口徑是一致的。鑒於這一事實，爲了保持計算口徑的

---

① 根據中國人民銀行《金融機構人民幣信貸收支表》（2014—2015）計算得到。

一致性，在計算城鎮居民可支配收入總額時，就不能簡單地採用把人均數與人口數相乘的方法，而只能根據國家統計局公布的城鎮居民消費支出總額及人均消費支出額，推算出納入統計口徑的人口數，再乘以相應的人均消費支出而得到。在本書 2.3 的分析中所利用的消費者的收入數據就是這樣得來的，其中 2014 年城鎮居民可支配收入總額為 277,062.83 億元[①]。但是，這一指標並不能直接作為分析的依據，因為這裡所說的消費者的收入水平是指以信貸方式實現消費目標的消費者的收入水平。這就引出了一個問題，那就是在當年城鎮居民可支配的收入總額中，有多少歸屬於當年用信貸方式實現消費目標的消費者，這才是可以用作分析依據的數據。為此，必須先得到以信貸方式實現消費目標的消費者在城鎮居民總數中所占的比例。由於沒有直接的統計數據，這一比例也只能通過推算的方式獲得。國家統計局公布的《2014 年國民經濟和社會發展統計公報》顯示，2014 年年末城鎮居民總數為 749,160,000 人，而中國人民銀行在 2009 年的統計數據顯示，當年發放的個人住房貸款累計支持消費者購買住房 707.10 萬套[②]（這一指標是推算以信貸方式實現消費目標的消費者在城鎮居民總數中所占的比例的重要依據，可惜的是，在隨後的幾年中，無論是中國人民銀行還是國家統計局，都沒有再公布同類數據，在這種情況下，為了算出 2014 年以信貸方式實現消費目標的消費者在城鎮居民總數中所占的比重，就只能依據 2009 年和 2014 年各自的住房貸款餘額增量，並結合 2009 至 2014 年期間住房價格的上漲幅度，對該指標在 2014 年的數值作出推算），2009 年個人住房貸款餘額的增量為 14,200 億元[③]，2014 年度個人住房

---

① 數據根據《中國統計年鑒》(2015) 的有關數據計算得到。
② 數據來源於中國人民銀行網站公布的《2009 年中國區域金融運行報告》。
③ 數據根據中國人民銀行網站公布的《2009 年中國區域金融運行報告》和《2008 年第四季度貨幣政策執行報告》以及《新京報》2009 年 2 月 24 日的報導《2008 個人住房貸款同比增長 10.5%》中披露的數據計算得到。前述資料中披露的 2008 年和 2009 年的住房貸款餘額分別為 2.98 萬億元和 4.4 萬億元。

貸款餘額的增量爲16,000億元①，2009—2014年間住宅商品房平均銷售價格的漲幅爲33.06%②。根據這些數據，可推測出2014年度通過信貸方式滿足住房消費需求的户數大約爲598.78萬户（707.10×[（16,000÷1.330,6）÷14,200]≈598.78）。該指標值遠低於2009年的水平，原因主要在於受宏觀經濟環境和調控住房價格的一系列政策措施的影響，居民的購房需求大幅度下降，房地產業在2014年度正遭遇前所未有的「寒冬」。現在按每套一户，每户3人計算，可得到2014年度用信貸方式實現住房消費目標的消費者人數佔城鎮居民總數的比重約爲2.40%（5,987,800×3÷749,160,000≈2.40%）。與此同時，中國人民銀行的有關統計數據顯示，2014年末全國中外資金融機構人民幣個人住房貸款餘額爲106,000億元③，佔消費貸款總額的比重約爲68.98%（106,000÷153,659.68≈68.98%，其中153,659.68億元爲當年的消費信貸餘額）。由此可以推算出2014年度以信貸方式實現消費目標的消費者佔城鎮居民總數的比重約爲4.29%（2.40%÷68.98%≈3.48%）。根據前述分析結果，可以測算出2009年度以信貸方式實現消費目標的消費者的收入總額大約爲9,641.79億元（277,062.83×3.489%≈9,641.79）。

（6）消費者的消費傾向

在這裡，擬把城鎮居民的平均消費傾向作爲分析的依據。城鎮居民的平均消費傾向是其消費支出總額與其可支配收入總額之比。前面已經對2014年度城鎮居民的消費支出總額和可支配收入總額作了估算（詳見本書2.3.1的表2-5），據此，可以得出當年城鎮居民的平均消費傾

---

① 數據根據中國人民銀行貨幣政策分析小組《2013年中國區域金融運行報告》和《2014年中國區域金融運行報告》中披露的數據計算得到。前述資料中披露的2013年和2014年的住房貸款餘額分別爲9.0萬億元和10.6萬億元。

② 國家統計局網站公布的數據顯示，2009年和2014年全國每平方米住宅商品房的銷售價格分別爲4,459元和5,933元，文中的住宅商品房銷售價格的漲幅係根據前述數據計算得到。

③ 數據來源於中國人民銀行貨幣政策分析小組的《2014年中國區域金融運行報告》。

向約爲 68%（188,353.40÷277,062.83≈68%）。

(7) 消費信貸的期限

不同的消費貸款在期限上有一定的差異，因此，在具體分析各因素對擠出效應總量的影響時，只能把貸款的平均期限作爲分析的依據。每筆消費貸款的具體期限取決於銀行的規定和消費者的選擇，目前並無公開發布的有關消費信貸具體期限的統計資料，因此，要瞭解中長期消費信貸的平均期限，唯一可行的辦法就是抽樣調查。爲此，筆者通過分類抽樣，在江蘇省無錫、揚州、鹽城和徐州四個城市隨機抽取了 2004—2014 年發放的 200 筆中長期消費貸款，對這 200 筆貸款的協議期限用貸款額度進行加權平均，得到平均協議期限爲 14.8 年，因少數借款人提前還款，實際的平均貸款期限爲 14.4 年。爲便於計算，同時也爲了對擠出效應作較爲保守的估計，以便增強估計結果的可靠性，在這裡，把中長期消費信貸的平均期限定爲 15 年。

(8) 市場利率水平

在這裡，市場利率將被用於計算每期消費信貸對消費的擠出效應的現值或終值，這個現值或終值反應了在資金的時間價值原理的作用下，消費信貸活動對消費者實際消費的影響，是根據消費者的利益來計算的，因此，必須選擇一個能反應消費者的切身利益，並能較好地體現風險與收益關係的市場化收益率來代替市場利率。雖然目前中國與消費者切身利益緊密相關的存款利率的市場化進程不斷加快，成效非常顯著，人民銀行已經放開了存款利率的上限，但由於對活期儲蓄和一年以內（含）的定期儲蓄依然保留了基準利率的 1.5 倍這一上限，與完全意義上的市場利率還有一步之遙，因而在現實經濟條件下，相較於存款利率而言，銀行理財產品的收益率更能反應消費者的切身利益，並能更好地體現風險與收益的關係，用其代表市場利率更具合理性，因此，筆者選擇理財產品的平均年化收益率來代表市場利率。中國銀行業協會於 2015 年 5 月 22 日發布的《2014 年中國銀行業理財業務發展報告》顯示，2014 年銀行理財產品收益率均值爲 5.13%，該指標值將被用作在現實層面上分析各因素對擠出效應總量的影響作用的依據之一。

(9) 貸款利率水平

根據規定，實際執行的貸款利率水平可在一定的幅度內浮動。在以住房貸款和汽車貸款爲主體的中長期消費信貸中，汽車貸款利率一般會上浮，而在前幾年調控住房價格的背景下，住房貸款利率下浮的範圍會受到更多的限制，同時爲了遏制住房投機行爲，對兩套以上住房的貸款利率已在一定程度和範圍內採取了上浮措施。鑒於這樣的背景，並考慮到利率變動趨勢，把五年期以上貸款的基準利率作爲貸款平均利率水平，用以分析各因素對擠出效應總量的影響，應該是較爲合適的。由於在作現實層面分析時，出於對數據可獲得性的考慮，統一使用 2014 年度的數據。而根據中國人民銀行的在 2014 年 11 月 21 日的決定，自 2014 年 11 月 22 日起，五年期以上貸款的基準年利率統一調整爲 6.15%，因此筆者在現實層面上分析中國消費信貸對消費的擠出效應時，將使用該指標值。

(10) 消費者收入水平占當年 GDP 的比重

消費者收入水平占當年 GDP 的比重所影響的主要是消費信貸對消費的間接擠出效應。因消費信貸替代投資信貸而減少的居民收入，不僅包括城鎮居民可支配收入，還包括農村居民的純收入。因此，消費者收入水平占當年 GDP 的比重是指農村居民純收入和城鎮居民可支配收入的總額在當年 GDP 中所占的比重。在本書的 2.3.1 中已經估算出了 2014 年度城鎮居民的可支配收入總額約爲 277,062.83 億元，農村居民的純收入總額約爲 64,396.92 億元。另外，國家統計局公開發布的統計數據顯示，2014 年的國內生產總值（GDP）爲 636,138.70 億元[1]。據此，可以計算出 2014 年消費者收入水平占當年 GDP 的比重約爲 53.68%〔(277,062.83+64,396.92)÷636,138.7≈53.68%〕。

(11) 投資領域的資金利用效率

參照「加速數原理」，現在以 GDP 來代表產出，則可以得到當年投資信貸的增加額與當年產出增加額之比（V）的如下表達式：

---

[1] 數據來源於《中國統計年鑒》(2015)。

$$V = \frac{L}{GDP_t - GDP_{t-1}}$$

根據中國人民銀行和國家統計局公布的統計數據，2014年各類金融機構在中國境內投資信貸的增加額為 73,753.98 億元，2014 年的 GDP 為 636,138.7 億元，較 2013 年增加 48,119.90 億元。[①] 據此，可知 2014 年投資信貸的增加額與當年產出增加額之比為 1.53（73,753.98÷48,119.90≈1.532,7），信貸投資領域的資金利用率（即當年投資信貸的增加額與當年產出增加額之比的倒數）約為 65.24%。

前面已描述了擠出效應總量的各個影響因素在現實中的具體表現，接下來的任務就依據這些因素的具體表現，來分析其對擠出效應總量的具體影響了。為了便於分析，現把這些因素的現實表現集中在表 5-1 中反應。

表 5-1 影響消費信貸對消費的擠出效應總量的各因素的現實表現

序號	影響擠出效應總量的因素	數值及單位
1	消費信貸規模（L）	18,005.87 億元
2	貸款額度占信貸消費品價款的比例（t）	70%
3	消費者實際累積首付款的期限（m）	3 年
4	消費計劃中信貸消費品所占的份額（α）	18.16%
5	用信貸方式實現消費目標的消費者的收入水平（R）	9,641.79 億元
6	消費者的消費傾向（k）	68%
7	消費信貸的期限（n）	15 年
8	市場利率水平（r）	年利率 5.13%
9	貸款利率水平（i）	年利率 6.15%
10	消費者收入水平占當年 GDP 的比重（ω）	53.68%
11	投資領域的資金利用效率（φ）	65.24%

數據來源：根據前面的分析結果整理得到。

[①] 數據根據中國人民銀行《金融機構人民幣信貸收支表（按部門）》（2013—2014）和《中國統計年鑑》（2015）中公布的數據整理和計算後得到。

5.3.2 各因素對擠出效應總量的具體影響

上面已對影響消費信貸的消費擠出效應總量的各個因素在現實中的表現作了具體的分析和描述，在此基礎上，就可以分析這些因素對擠出效應總量的具體影響（包括影響方向和影響程度）了。爲了便於分析，現在先根據各因素的具體表現計算出現實經濟條件下（立足於 2014 年的數據），消費信貸對消費的擠出效應總量。把表 5-1 中的各項數據代入 4-7 式，即可得出擠出效應總量（TS）的具體數值（計算結果精確到小數點後第二位）。

$$TS = DS + IS$$

$$= \left(\frac{\frac{L}{t} - L}{m} - \alpha k R \right) \cdot \sum_{j=1}^{m} (1+r)^j + \left[L \times \frac{i(1+i)^n}{(1+i)^n - 1} - \alpha k R \right] \cdot \sum_{h=1}^{n} \frac{1}{(1+r)^h} + \frac{k\omega\varphi L}{r+k}$$

$$= \left(\frac{\frac{18,005.87}{0.7} - 18,005.87}{3} - 0.181,6 \times 0.68 \times 9,641.79 \right) \cdot$$

$$\sum_{j=1}^{3} (1+0.051,3)^j$$

$$+ \left[18,005.87 \times \frac{0.061,5 \times (1+0.061,5)^{15}}{(1+0.061,5)^{15} - 1} - 0.181,6 \times 0.68 \times 9,641.79 \right]$$

$$\cdot \sum_{h=1}^{15} \frac{1}{(1+0.051,3)^h} + \frac{0.68 \times 0.536,8 \times 0.652,4 \times 18,005.87}{0.051,3 + 0.68}$$

$$\approx 4,584.22 + 7,012.04 + 5,863.46$$

$$\approx 17,459.72 (億元)$$

上述計算結果顯示，消費信貸在 2014 年度擠出的消費總量約爲 17,459.72 億元，其中直接擠出的消費約爲 11,596.26 億元（因累積首付款而擠出的消費約爲 4,584.22 億元，因還本付息而擠出的消費約爲

7,012.04億元），間接擠出的消費（即因消費信貸替代投資信貸而擠出的消費）約爲5,863.46億元。把這一計算結果和表5-1中的相關數據代入5-1式至5-22式，則可得到擠出效應總量對各因素的偏導數和彈性系數。在此基礎上，就可以對現實經濟條件下各因素對擠出效應總量的具體影響作出判斷了。爲了便於分析和判斷，現在把擠出效應總量對各影響因素的偏導數和彈性系數的具體計算結果列示在表5-2中。

表5-2　　擠出效應總量對各影響因素的偏導數和彈性系數

影 響 因 素	偏 導 數	彈 性 系 數
消費信貸規模（L）	1.87	1.93
貸款額度占信貸消費品價款的比例（t）	-40,641.82	-1.63
消費者實際累積首付款的期限（m）	-1,199.14	-0.21
消費計劃中信貸消費品所占的份額（α）	-89,213.82	-0.93
用信貸方式實現消費目標的消費者的收入水平（R）	$-2.47[k'(R)R+0.68]$	$-1.36[k'(R)R+0.68]$
消費者的消費傾向（k）	-15,202.61	-0.59
消費信貸的期限（n）	-480.48	-0.413
市場利率水平（r）	-22,706.45	-0.07
貸款利率水平（i）	125,226.76	0.44
消費者收入水平占當年GDP的比重（ω）	10,922.99	0.34
信貸投資領域的資金利用效率（φ）	8,987.52	0.34

數據來源：根據前面的分析結果計算得到。

在表5-2所列示出的計算結果中可以看出，在現實經濟條件（以2014年爲例）下，消費信貸規模（即當期中長期消費信貸增加額）、貸款利率水平、消費者收入水平占當年GDP的比重以及信貸投資領域的資金利用效率與消費信貸對消費的擠出效應總量之間存在正向變動關係

(其中用信貸方式實現消費目標的消費者的收入水平與擠出效應總量之間的負向變動關係在本書 5.2.5 部分已作瞭解釋)，即隨著這些指標的上升，消費信貸對消費的擠出效應總量將隨之而上升，反之亦然；貸款額度占信貸消費品價款的比例、消費者實際累積首付款的期限、消費計劃中信貸消費品占消費品總量的份額、用信貸方式實現消費目標的消費者的收入水平、消費者的消費傾向、消費信貸的期限以及市場利率水平等影響因素與消費信貸對消費的擠出效應總量之間存在負向變動關係，即隨著這些指標的上升，消費信貸對消費的擠出效應總量將隨之而下降，反之亦然。同時，前面在理論層面上的分析已經表明，消費信貸規模、貸款利率水平、消費者收入水平占當年 GDP 的比重以及信貸投資領域的資金利用效率，不但在現實經濟條件下，而且在任何情況下都與擠出效應總量之間存在正向變動關係，其中，消費者收入水平占當年 GDP 的比重和信貸投資領域的資金利用效率這兩個指標的變動所影響的只是間接擠出效應；同樣，貸款額度占信貸消費品價款的比例、消費者的消費計劃中信貸消費品占消費品總量的份額、用信貸方式實現消費目標的消費者的收入水平，不但在現實經濟條件下，而且在任何情況下，都能呈現出與擠出效應總量之間的反向變動關係。至於其他因素在這裡所呈現的與擠出效應總量之間的正向或反向變動關係，則是在特定經濟條件下的具體表現而已，從理論上說，在另一種經濟條件下，兩者之間的關係可能會有相反的表現，只不過在中國實行刺激消費政策以來的不同年份中，兩者之間的關係基本上只有量的變化，而無質的改變。

　　從表 5-2 中列出的擠出效應總量對各影響因素的彈性系數中可以進一步看出，擠出效應總量對消費信貸規模、貸款額度占信貸消費品價款的比例非常敏感。其中，消費信貸規模變動 1%，可以引起擠出效應總量同向變動 1.93% 左右；貸款額度占信貸消費品價款的比例變動 1%，可以引起擠出效應總量產生 1.63% 左右的反向變動。消費計劃中信貸消費品所占的份額的變動對擠出效應總量的影響比較明顯，彈性系數表明，當該份額增減 1% 時，可以引起擠出效應總量產生 0.93% 左右的反向變動。在其他因素中，除了用信貸方式實現消費目標的消費者的收入

水平外，彈性系數均表明擠出效應總量對這些因素的變動不夠敏感，這些因素的指標值變動1%時，所引起的擠出效應總量的變動遠低於1%。其中最不敏感的因素是市場利率水平、消費者實際累積首付款的期限、消費者收入水平占當年GDP的比重以及信貸投資領域的資金利用效率。市場利率水平變動1%，只能引起擠出效應總量反向變動0.07%，單純從這一相對數來看，幾乎是微不足道。出現這種狀況的主要原因在於市場利率對擠出效應總量的變動具有雙重影響，它的上升或下降既能使以消費者獲得信貸支持時的終值表示的因累積首付款而對消費產生的擠出效應上升或下降，又能使以此時的現值表示的因消費者累積還本付息資金而對消費產生的擠出效應下降或上升。消費者實際累積首付款的期限變動1%，只能引起擠出效應總量反向變動0.21%，主要原因是在因累積首付款而擠出消費的情況下，累積首付款的實際期限延長雖可使每期發生的擠出效應下降，但會增大以消費者獲得信貸支持時的終值表示的因累積首付款而發生的擠出效應總量。消費者收入水平占當年GDP的比重以及信貸投資領域的資金利用效率每變動1%，均只能引起擠出效應總量產生0.34%左右的同向變動。此外，消費者的消費傾向、消費信貸的期限和貸款利率水平變動1%，分別可以引起擠出效應總量同向或反向變動0.59%、0.413%和0.44%左右。其中，消費信貸期限變動對擠出效應總量變動的影響程度是在其引起的兩種方向相反的影響相抵以後的結果。一方面，消費信貸期限的延長會減少每期因累積還本付息資金而導致的擠出效應；另一方面又會使以消費者獲得信貸支持時的現值表示的擠出效應上升。這兩種方向相反的影響決定了擠出效應總量對消費信貸期限的變動不會太敏感。擠出效應總量對這些因素的變動雖然不夠敏感。但是，相對於最不敏感的因素而言，這些因素對擠出效應總量的影響程度已經很明顯了。因此，在調控消費信貸的效應時，不能忽視這些因素的作用。需要強調的是，儘管擠出效應總量對消費者實際累積首付款的期限和消費信貸期限的變動均不夠敏感，但這兩個因素是決定消費信貸對消費的直接擠出效應的根本因素。在理論層面的分析中已經表明，只要這兩個期限足夠長，消費信貸對消費的直接擠出效應也就不

135

存在了。因此，在調控消費信貸的效應時，仍然不能降低這兩個因素在調控過程中應受的關注度。

從表 5-2 中可以看出，依然無法判斷擠出效應總量對以信貸方式實現消費目標的消費者的收入水平的彈性系數的絕對值是否大於 1，因為不知道 $k(R)$ 的具體表達式，因而也就無法得出 $k'(R)$ 的具體數值。但是，根據國家統計局公布的 2013 年城鎮居民人均消費支出和人均可支配收入的數據，可計算出該年城鎮居民的平均消費傾向約為 68.51%，[①]而前面已經推算出 2014 年城鎮居民的平均消費傾向約為 68%，同時，根據國家統計局公布的數據推算出的城鎮居民 2013 年的可支配收入總額約為 248,256.47 億元，2014 年城鎮居民可支配收入總額約為 277,062.83 億元（具體見表 2-5），據此，可以粗略地推算出 $k'(R) = \frac{0.68 - 0.685,1}{277,062.83 - 248,256.47} \approx 0^-$，即在數軸上表現為 $k'(R)$ 從左側接近於 0。因此，$E_R = -1.36 [k'(R) R + 0.68] \approx -0.925$。這表明，消費者的收入水平的變動對擠出效應總量變動的影響比較明顯，消費者收入水平變動 1% 時，會引起擠出效應總量反向變動 0.925% 左右。因此，在現實經濟條件下，這一因素同樣是影響擠出效應總量變動的主要因素。

另外需要強調的是，在分析各因素對擠出效應總量變動的影響時，只有把絕對數分析和相對數分析結合起來，才能得出客觀的結論。由於在上述影響因素中，除了消費信貸規模、消費者實際累積首付款的期限、用信貸方式實現消費目標的消費者的收入水平以及消費信貸的期限以外，其他各個影響因素都是以百分數表示的，若從相對數角度來考察其百分之一的變動，可以發現變動的幅度是很小的，但因擠出效應本身的基數很大（2014 年的擠出效應總量約為 17,459.72 億元），若從絕對數角度來考察其百分之一的變動，可以發現變動的幅度是很大的。因此，即使彈性分析結果表明擠出效應總量對某一影響因素的變動很不敏

[①] 2013 年城鎮居民人均消費支出 18,467.50 元，人均可支配收入 26,955.10 元（具體見表 2-2），平均消費傾向為兩者相除得到的商。

感，該影響因素的細微變動也可能會引起擠出效應總量的巨額上升或下降，對消費信貸的最終效應產生重大影響，因而在調控消費信貸效應的過程中，絕對不能忽視這類因素。例如，依據前面的計算結果，市場利率水平變動 1%，只能引起擠出效應的總量反向變動 0.07%，但由於分析期的市場利率水平爲 5.13%，而同期的擠出效應總量爲 17,459.72 億元，若從絕對數角度考察，則意味著市場利率上升或下降 0.051,3 個百分點（5.13×1%＝0.051,3），即可使擠出效應的總量減少或增加的數額高達 12.22 億元（17,459.72×0.07%≈12.22）。根據同樣的分析方法，可計算出其他各個因素變動百分之一的絕對值及其所引起的擠出效應變動的絕對值，具體計算結果如表 5-3 所示。

表 5-3　　各影響因素變動 1% 所引起的擠出效應變動額

影響因素	分析期的表現值	彈性係數	變動 1% 的絕對值	擠出效應變動的絕對值（億元）	變動方向
L	18,005.87 億元	1.93	180.06 億元	336.97	正向
t	70%	-1.63	0.70%	284.59	反向
m	3 年	-0.21	11 天	36.67	反向
α	18.16%	-0.93	0.18%%	162.38	反向
R	9,641.79 億元	-0.925	96.42 億元	161.50	反向
k	68%	-0.59	0.68%	103.01	反向
n	15 年	-0.413	54 天	72.11	反向
r	5.13%	-0.07	0.05%	12.22	反向
i	6.15%	0.44	0.06%	76.82	正向
ω	53.68%	0.34	0.54%	59.36	正向
φ	65.24%	0.34	0.65%	59.36	正向

數據來源：根據前面的分析結果計算得到。

綜上所述，無論是直接擠出效應還是間接擠出效應，都受到眾多的因素在不同方向和不同程度上的影響，並最終在擠出效應總量的變動上反應出來。在這些影響因素中，消費信貸的規模、貸款額度占信貸消費品價款的比例、消費者的消費計劃中信貸消費品占消費品總量的份額，

以及以信貸方式實現消費目標的消費者的收入水平，是現實經濟條件下引起擠出效應總量變動的主要因素，因而也理所當然地成爲調控消費信貸效應時的主要關注點。同時，鑒於消費者累積首付款的實際期限和消費信貸的期限在形成直接擠出效應過程中的特殊地位，這兩個因素在調控消費信貸效應過程中的關注度也不應降低。至於其他因素，雖然對擠出效應總量變動的影響不顯著，但對其變動所產生的影響作用（尤其是消費者的消費傾向的作用）仍須給予應有的關注，特別是在對主要影響因素無法有效地控制或控制力度難以把握時，通過引導或直接控制次要影響因素的變化，以發揮「微調」的作用，也不失爲合理發揮消費信貸作用的有效舉措。

6 擠出效應對消費信貸功能的影響及經濟新常態下的合理選擇

研究消費信貸對消費的擠出效應，旨在合理發揮消費信貸的功能。但是，正確認識消費信貸對消費的擠出效應，僅僅是有效發揮消費信貸功能的必要條件，除此之外，還必須在從一般意義上正確認識消費信貸功能的同時，結合具體經濟條件，對消費信貸的功能進行正確定位，在此基礎上，才能通過對消費信貸的消費刺激效應和消費擠出效應的合理組合和正確運用，使消費信貸的功能得到有效的發揮。因此，本部分試圖在對消費信貸的功能作出合理界定的基礎上，具體分析擠出效應對有效發揮消費信貸功能的影響，並依據從前面的分析中得到的啟示，結合新常態下經濟發展和宏觀調控的客觀要求，提出有效發揮消費信貸功能的相關政策建議。

6.1 對消費信貸功能的認識

消費信貸業務是在特定的經濟背景之下出現的，因而人們對消費信貸功能的認識必然會被打上深深的時代「烙印」。但是，時代的變遷，經濟發展和金融活動內容的日益豐富，又要求人們對消費信貸的功能作出新的認識，這既是經濟活動中理論先行的需要，同時也是總結實踐經驗的需要。

6.1.1 對消費信貸功能的傳統認識

自從消費信貸業務產生以來，人們一直以「消費信貸能刺激消費增長」來概括消費信貸的功能，儘管人們在評價這一功能的同時，也提到了諸如「易造成市場的虛假需求，並容易引發通貨膨脹」等負面影響，但這些負面影響的發揮都是以「刺激消費」這一功能爲基礎的。

人們產生對消費信貸功能的這一認識，有著相應的理論支撐，那就是學者們在認定「理性預期—持久收入」理論與現實存在偏差的基礎上，提出的「流動性約束」和「預防性儲蓄」理論。該理論認爲，消費信貸能夠突破人們面臨的流動性約束，從而削弱人們的預防性儲蓄動機，因而能夠增加即期消費。在這一理論的影響下，消費信貸的刺激消費功能得到了人們的認可，也促使了消費信貸在整個商業銀行信貸業務中的地位逐漸上升。同時，在實踐層面上，消費信貸的功能也得到了進一步的認證。例如，美林公司在1997—1998年財政年度的一項統計表明，只要有一個相對發達的信貸制度，不管人們現期收入多少，只要作出了消費決策，人們就會去消費，從而增加消費。[1]

從消費信貸業務發展的經濟背景來看，人們對消費信貸作出這樣的功能定位更是具有客觀必然性的。信貸業務是商業銀行的三大傳統業務之一，而消費信貸作爲商業銀行信貸業務的一種具體形式，在理論上早就存在，但真正付諸於實踐，則往往是在消費需求不足的時候，這種情況在中國表現得更爲明顯。自改革開放以後，中國曾長期面臨供給不

---

[1] 該項統計表明，在消費信貸迅速普及的經濟背景下，道·瓊斯指數1998年年底比年初提高了20.7%，納斯達克指數更是提高了30.1%；美國居民的財產由於股價上漲而增加了3.1萬億美元，如果按平均的財富效應3%計算，美國居民在同期內的消費便上升了900億美元。由此可見，憑藉消費信貸的普及和股市上漲帶來的名義收入的增長，美國經濟在20世紀90年代後期進入了借債消費、借債炒股和借債繁榮的循環。

足，需求膨脹的困擾，在這種情況下，消費信貸業務也就長期受到了壓制。20世紀90年代後期，中國基本告別了短缺經濟時代，需求不足逐步成爲困擾經濟增長的重要因素，再加上東南亞金融危機的影響，中國政府在承諾人民幣不貶值的同時，又提出了確保經濟增長率不低於8%的目標，這就決定了擴大內需已成爲推動經濟增長的首要選擇，其中，刺激消費增長必然要在擴大內需的過程中擔當重任。正是在這一背景下，消費信貸被作爲改善居民消費環境、擴大即期消費需求的「靈丹妙藥」，列入了刺激消費增長的「處方」，並在政府的支持下，得到了迅速地發展。由此可見，在消費信貸業務發展之初，就是被作爲刺激消費的手段加以運用的，而事後的實踐也證明了這種手段的效果，雖然由於擠出效應的影響，這種效果發揮得並不充分，但畢竟在一定程度上起到了刺激消費增長的作用。

綜上所述，作爲刺激消費的手段，消費信貸在大規模發展之前，受到了理論上的支撐，而在大規模發展之時，又有實踐上的需要，並且其作用在一定程度上得到了實踐的驗證，因而在傳統意義上人們把消費信貸的功能單純地定位於「刺激消費」，也就不足爲奇了。

6.1.2 對消費信貸功能的重新認識

把消費信貸的功能定位於「刺激消費」是在消費信貸特定的發展背景下的必然結果。近二十年來，消費信貸在刺激消費、擴大內需方面所發揮的作用已經是一個毋庸置疑的事實。但是，在這個事實背後，也存在著不容忽視的問題，那就是消費結構的嚴重不合理和消費的斷層。自1998年以來，以住房消費信貸爲主體的中長期消費信貸在消費信貸中一直佔有絕對的優勢地位。在這一信貸結構下，一方面出現了住房需求過熱的局面，導致了住房市場的虛假繁榮和住房價格的非理性上漲；另一方面，在旺盛的住房需求的擠壓下，與消費者收入水平的上升相適應的其他檔次的消費品的需求則未能得到應有的重視。具體表現爲要麼

無法獲得信貸支持，要麼即使能獲得信貸支持，也出於滿足更高的消費目標的需求而放棄對該檔次消費品的消費需求，這一現象使本應隨著收入水平的上升而漸次遞升的消費結構出現了「跨越」式的提升，消費結構的「斷層」現象日益明顯。一句話，在消費信貸的刺激下，消費的總量雖然有所上升，但消費結構卻進一步趨向了不合理，這無論是對消費還是生產的可持續發展都無疑造成了不利的影響。

這種現象在把消費信貸的功能單純地定位於「刺激消費」的情況下是不可避免的。因為一旦把消費信貸的功能狹隘地定位於「刺激消費」，人們必然把運用消費信貸手段的目標確立爲消費總量的增長，而實現這一目標的「捷徑」就是把消費貸款盡可能多地投放到所謂的「新的消費增長點」上，在現實經濟條件下，住房、汽車等自然成了首要選擇。這種選擇在相應的政策配套和宣傳誘導（如房改、車改政策的實施和刺激消費的宣傳攻勢）下，自然能得到消費者的認可和接受。消費者在認可和接受這種選擇的同時，還會以自身具體的消費行爲來「迎合」這種選擇。當自身的收入水平不足以「迎合」這種選擇時，擠壓或放棄部分其他消費就成了消費者的無奈之舉，消費信貸對消費的直接擠出效應因此而形成，於是，消費升級的進程在此形成跳躍，消費「斷層」現象應勢而生。由此可見，在「刺激消費」這一狹隘的功能定位下，消費信貸因受擠出效應的影響，不但難以充分發揮擴大消費總量的作用，而且還有力地助推了消費結構不合理和消費「斷層」現象的形成。因此，必須結合現實經濟條件，對消費信貸的功能定位作出重新認識。那麼，消費信貸的功能到底應該如何定位呢？

要對消費信貸的功能進行正確定位，必須先正確認識以下問題：①消費信貸是在告別短缺經濟時代，消費市場由賣方市場轉爲買方市場的背景下發展起來的，但是，短缺經濟時代的結束並不意味著過剩經濟時代的全面到來，因爲即使在總量上已經過剩，也可能還存在結構上的短缺，而且這種結構上的短缺會因價值規律的作用，隨著供給和需求狀況的改變而改變；②消費信貸與投資信貸之間存在替代關係，而消費信貸和投資信貸對經濟增長的推動作用孰大孰小又受制於消費領域（包括

消費品生產領域）與投資領域的資金配置效率的對比；③經濟發展處於週期性變動之中，在經濟過熱的情況下，往往需要對消費和投資採取釜底抽薪的措施，以削弱對過熱經濟的助推作用。面對這些問題，如果依然把消費信貸的功能單純定位於刺激消費，則很難避免消費品供求結構的進一步失衡（21 世紀以來出現的住房價格的非理性持續上漲以及經濟適用房和廉租房供應嚴重不足的現象，就是例證，此外，除了住房和汽車以外，其他消費信貸業務的需求和供給都很少的事實，也在一定程度上說明了這一問題），也可能使消費信貸在推動經濟增長方面發揮的作用得不償失，甚至會在一定程度上增大通貨膨脹的壓力。除此之外，從理論上說，信貸是調節經濟的一種手段，其所發揮的是經濟槓桿作用，作為經濟槓桿，其功能就不應被局限在單一的刺激或遏制某些經濟活動上，而應是發揮對經濟活動的調節作用。基於前述認識，在現實經濟條件下，消費信貸的功能應定位於「適應經濟合理增長的需要，對消費進行有效的調節」。

6.2 擠出效應對消費信貸功能的影響

擠出效應對消費信貸功能的影響是雙向的，既有正面的影響，也有負面的影響，其基本判別標準是消費信貸對消費的擠出效應是否有助於實現消費信貸的功能目標。當人們把消費信貸作為適應經濟合理增長的需要而對消費進行有效調節的手段時，自然期望擠出效應的發揮能有助於實現消費信貸的功能目標，這也是有效發揮消費信貸功能的必然要求。

6.2.1 消費信貸的功能目標

既然消費信貸的功能被定位於「適應經濟合理增長的需要，對消費進行有效的調節」，那麼，消費信貸的功能目標必然從消費總量和消費結構上體現出來。

(1) 消費總量的合意增長

經濟增長有一個合理的「度」，超過這一個「度」，稱爲經濟過熱，反之，則稱爲經濟蕭條或疲軟。消費信貸的功能就是通過調節消費，發揮使經濟增長保持在這一合理的「度」之內的作用。當然，在這一調節過程中，並非消費信貸「孤軍奮戰」，而是常常與其他調節措施相配合，同時也與對投資的調節相協調。當經濟過熱時，往往需要在消費和投資上同時「降溫」，雖然消費總量會呈現出逐期上升的態勢（這是消費者收入水平上升的必然結果），但是，如果此時適當減弱消費信貸對消費的刺激作用，則可在一定程度上對消費增長的勢頭起到「釜底抽薪」的作用。當經濟疲軟時，往往需要在消費和投資方面同時「加溫」，這時候適當增強消費信貸對消費的刺激效應或適當減弱消費信貸對消費的擠出效應，則可在一定程度上彌補消費者收入水平增長不足以拉動消費增長的缺陷，使消費在既定的消費者收入增長的基礎上，進一步得到提升。當然，面對經濟過熱或疲軟的現狀，並不一定會要求消費和投資同時「加溫」或「降溫」，而可能需要根據具體情況，對消費和投資進行此「加溫」彼「降溫」的組合調節。但無論哪種情況，消費信貸對消費的刺激效應或擠出效應的增強或減弱，都能對消費總量的增減變動發揮一定的調節作用，而這種調節作用的發揮都是以實現合理的經濟增長目標爲前提的。由此可見，消費信貸的功能目標之一是實現消費總量的合意增長。

(2) 消費結構的優化

經濟可持續發展的前提是經濟均衡和協調，消費結構的均衡和協調

是經濟結構均衡和協調的內容之一。無論在消費需求過熱還是不足時，都可能存在消費品供求結構不合理的現象，這種現象的存在不但會造成消費品價格的非理性上升或下降，而且會導致消費需求的「斷層」現象。在這種情況下，通過調整消費信貸的投向、投量和可獲得性，可以有效地調節消費品供求結構上的不平衡狀況，使消費結構發生合意的調整，以服務於經濟的可持續發展。因此，優化消費結構是消費信貸的又一個功能目標。

6.2.2 實現消費信貸功能目標的切入點

在不同的經濟情況下，所採取的調節消費的具體措施的效果也會有所不同。例如，要擴大較少受到信貸支持的消費品的消費需求，可以把擴大對該種消費的信貸支持力度，以發揮消費信貸對該種消費的刺激效應作爲首要選擇，同時，也可在一定程度上通過減少消費信貸對該種消費的擠出效應的方式實現；反之，若要遏制對該類消費品的消費需求，則因該類消費本來就很少得到信貸支持，因而基本無法通過削弱消費信貸對該類消費的刺激效應的方式來實現，可行的方法只能是通過發揮消費信貸對該類消費的擠出效應的方式來實現目標的調節。因此，要實現消費信貸的功能目標，就必須根據具體情況找準切入點。從總體上看，實現消費信貸功能目標的切入點無非表現爲兩個方面：發揮消費信貸對消費的刺激效應和發揮消費信貸對消費的擠出效應。

（1）以發揮消費信貸對消費的刺激效應作爲實現消費信貸功能目標的切入點

當現實經濟條件決定了發揮消費信貸對消費的刺激效應可更好地實現消費信貸的功能目標時，應把發揮刺激效應作爲切入點，並根據功能目標的要求，在強化或削弱刺激效應這兩個方面作出選擇。具體地說，當要推動消費總量增長時，應適當擴大貸款規模，降低貸款條件，增加消費者對貸款的可獲得性，反之，則應進行相應的反向操作。同時，面

對消費結構不合理的情況，則可通過對消費需求在信貸支持上「有保有壓」的方式，使消費結構趨於合理。

（2）以發揮消費信貸對消費的擠出效應作爲實現消費信貸功能目標的切入點

當現實經濟條件決定了發揮消費信貸對消費的擠出效應可更好地實現消費信貸的功能目標時，應把發揮擠出效應作爲切入點，並根據功能目標的要求，在強化或削弱擠出效應這兩個方面作出選擇。從本質上看，發揮消費信貸對消費的擠出效應與發揮消費信貸對消費的刺激效應具有相同的功效，兩者都表現爲消費信貸對消費的總體效應的增減變動，對兩者的運用，可以產生殊途同歸的結果。但從表現形式上看，把發揮擠出效應作爲實現消費信貸功能目標的切入點，無非是通過加強或削弱對某些消費品的消費需求的信貸支持力度，來實現遏制或強化對另一些消費品的消費需求的目的，表現爲一種「聲東擊西」的策略。在特定的經濟條件下針對特定的調節目標時（例如，當需要遏制某些未受到信貸支持的消費行爲時），這一策略可以起到直接把刺激效應作爲切入點時無法起到的作用。至於如何通過發揮擠出效應來實現消費信貸的功能目標，則是接下來需要分析的問題。

在此，還需要強調的是，無論是把發揮消費信貸對消費的刺激效應還是擠出效應作爲實現消費信貸功能目標的切入點，都是在總體上所作的一種選擇，在具體操作時，還需針對具體情況，選擇具體的切入點。例如，在把發揮刺激效應作爲切入點時，應從刺激哪一類消費品的消費入手，是住房消費、汽車消費還是其他消費？在把發揮擠出效應作爲切入點時，又需從刺激哪一類消費品的消費入手，才能有效地擠出應該被擠出的消費？關於這些問題，都需要根據當時、當地的消費市場格局，並在深入分析消費者的消費觀念、消費習慣及相應的消費制約因素以後，作出具體的選擇。

6.2.3　擠出效應對消費總量和結構的調節功能

　　就對消費的總量調節而言，消費信貸對消費的擠出效應所能發揮的作用表現爲：在既定的消費信貸規模下，當擠出效應減少時，消費信貸對消費的最終刺激效應（即刺激效應和擠出效應相抵後的淨效應）將上升，從而在消費信貸的刺激下，消費總量將趨於上升；反之，當擠出效應上升時，因最終的刺激效應被擠出效應削弱，消費總量上升的勢頭將受到遏制。

　　就對消費結構的調節而言，消費信貸對消費的擠出效應所能發揮的作用表現爲：當某種不合理或與經濟發展要求相悖的消費行爲被擠出時，消費結構會趨向合理；反之，當某種合理或與經濟發展要求相一致的消費行爲被擠出時，消費結構就會趨於不合理。事實上，中國現階段擠出效應對消費結構的影響正是如此。因此，在利用擠出效應調節消費結構時，如何選準具體的切入點，是實現消費信貸功能目標的關鍵之一。

　　在理解擠出效應對消費總量和結構的調節功能時，還必須明確兩個問題：①在消費信貸對消費的擠出效應中，能發揮消費結構調節功能的只是直接擠出效應，因爲間接擠出效應是消費信貸通過影響 GDP 進而影響消費者的總體收入水平而形成的，因而通常只能影響消費總量，而無法影響消費結構；②在把發揮消費信貸對消費的擠出效應作爲實現消費信貸功能目標的切入點時，在總量調節目標和結構優化目標之間可能會出現衝突。在通過擴大擠出效應來遏制消費總量的增長勢頭時，被擠出的可能會是合理的或與經濟發展要求相一致的消費行爲；相反，在通過削弱擠出效應來推動消費總量的增長時，對不合理或與經濟發展要求相悖的消費行爲的遏制力度可能會被削弱。這就要求在立足於具體情況選準具體的切入點的同時，結合對具體消費結構和影響擠出效應的各因素的深入分析，合理地把握措施的力度。

6.3 經濟新常態背景下的合理選擇

在明確了消費信貸的功能以及擠出效應對發揮消費信貸功能的影響以後，接下來的問題就是在經濟新常態背景下如何正確協調擠出效應與消費信貸功能目標之間的關係了。針對這一問題，必須依據前面的分析結果，並結合經濟新常態的基本特徵及其對消費信貸的基本要求來做出回答。

6.3.1 從前面的分析中得到的啟示

（1）應根據調控要求和調控目標合理調整首付款比例和貸款利率

前面的分析已經表明，消費信貸額度占信貸消費品價款的比例與擠出效應之間呈現出負向變化的關係，而貸款利率與擠出效應之間呈現出正向變化的關係，因此，在調節消費的過程中，提高貸款額度占信貸消費品價款的比例（即降低首付比例）和降低貸款利率，可以在降低消費信貸對消費的擠出效應的同時，增強其對消費的刺激效應，反之亦然。而且，在現實經濟條件下，貸款額度占信貸消費品價款的比例是影響擠出效應總量變化的主要因素之一，貸款利率對擠出效應總量的影響雖然不大，但通過調整利率來調節擠出效應的總量是一種比較易於操作的方法，並容易被消費者接受。更爲重要的是，貸款利率的調整可以向消費者傳遞一種消費信貸政策趨向的信號，因而對擠出效應的影響往往會超越其本身的變動所造成的影響。因此，在經濟蕭條階段，常可通過提高消費信貸額度占信貸消費品價款的比例和降低消費貸款利率等手段，來達到遏制擠出效應進而拉動經濟增長的目的；而在經濟過熱階段，則可通過相反的操作，來發揮對過熱經濟的「降溫」作用。

（2）在採取刺激經濟增長的措施時，應合理把握對信貸消費的政策誘導和宣傳的力度

前面理論層面的分析結果表明，消費者累積首付款的實際期限的變化，對消費信貸的消費擠出效應的變化沒有確定的正面或負面影響。其對擠出效應最終的影響程度和影響方向不僅取決於自身的變化，還受制於貸款額度及其占信貸消費品價款的比例、消費者的消費計劃中信貸消費品所占的份額、消費者的消費傾向和收入水平、市場利率等因素。而在現實層面上的分析結論表明，在現實經濟條件下，消費者累積首付款的實際期限對擠出效應總量的變化有著明顯的負面影響，是影響擠出效應總量變化的重要因素之一。因此，在調節消費的過程中，對於消費者累積首付款的實際期限對擠出效應的影回應予以高度重視。由於消費者累積首付款的實際期限在很大程度上會受刺激消費的政策誘導和各種宣傳的影響，因而在不同的宏觀經濟環境中，應根據不同的經濟調節目的，結合對上述制約因素的正確分析，合理把握信貸消費的政策誘導和宣傳攻勢的力度。在經濟蕭條時，應避免因力度不當導致消費者累積首付款的期限的非理性變化，從而造成消費信貸對非信貸消費的過量擠出或對消費的刺激作用難以有效發揮；在經濟過熱時，應順應宏觀調控的主基調，調整對信貸消費的政策誘導和各種宣傳的力度，合理發揮政策和輿論導向作用，使消費者累積首付款的實際期限朝著有利於壓縮信貸消費，同時減少非信貸消費的方向變化，以削弱消費對過熱經濟的「火上澆油」作用。

（3）應根據調控目標和調控要求，科學確定消費信貸結構

確定合理的消費信貸結構是有效發揮消費信貸對消費的刺激作用的必要條件。從前面的分析中可知，消費者的消費計劃中信貸消費品占消費品總量的份額和消費者的消費傾向，與擠出效應的變化之間均存在負向關係。消費者的消費計劃中信貸消費品占消費品總量的份額實際上代表著消費者的消費結構，這一結構可通過消費信貸活動加以引導。當消費信貸的覆蓋率擴大時，消費者的消費計劃中信貸消費品占消費品總量的份額將隨之增大，相應地，消費信貸對消費的擠出效應將下降；反

之，消費信貸對消費的擠出效應將上升。與此同時，由於低收入階層的邊際消費傾向相對較高，消費的檔次也較低，因此，擴大消費信貸的覆蓋率，加大對消費者消費較低檔次消費品的信貸支持力度，同樣有助於降低消費信貸對消費的擠出效應。從這一意義上說，擴大消費信貸的覆蓋率，優化消費信貸結構，是在經濟蕭條階段有效遏制消費信貸對消費的擠出效應，以充分發揮對消費的刺激作用的必要條件。基於同樣的理由，在經濟「過熱」的環境中，適時調整消費信貸結構，適當降低消費信貸的覆蓋率，則無疑會對「過熱」的經濟產生「釜底抽薪」的作用。

（4）在利用信貸手段調節消費時，應充分考慮市場利率的現狀和變化趨勢

前面理論層面的分析結果表明，由於市場利率（即貼現率）變化對總體擠出效應的影響方向取決於消費者獲得貸款前後兩種方向相反的影響對比的結果，這又受制於貸款額度及其占信貸消費品價款的比例、消費者實際累積首付款的期限、消費者的消費計劃中信貸消費品占消費品總量的份額、消費者的消費傾向和收入水平、貸款期限等一系列因素。同時，現實層面的分析結果表明，在現實經濟條件下，市場利率水平的變化對擠出效應總量有著微弱的負面影響。從理論和現實兩個層面的分析結果中，可以得出如下結論：爲了合理發揮消費信貸對消費乃至整個經濟的調節作用，必須在對市場利率的現狀和變化趨勢做出正確分析和合理預測的基礎上，借助相應的政策手段，對上述制約市場利率變動影響擠出效應總量的變動方向和變動程度的因素，進行合理地組合，以期得到在經濟過熱條件下增大擠出效應的同時，優化消費結構，或在經濟蕭條的情況下，減少擠出效應，同時不劣化消費結構的效果。

（5）在利用消費信貸調節消費時，應根據經濟運行情況，合理確定消費信貸的總體期限結構

貸款期限變動對擠出效應總量的變動所產生的影響是雙向的，其最終影響不僅受制於自身的變化，還受到貸款規模和利率、市場利率水平、消費者的消費計劃中信貸消費品占消費品總量的份額、消費者的消

費傾向和收入水平等一系列因素的制約，因而在理論層面的分析中無法明確判斷其對擠出效應總量的影響方向和影響程度，而在現實層面上的分析則表明，在現實經濟條件下，貸款期限的變動對擠出效應總量的變動有著比較明顯的負面影響。因此，在不同的宏觀經濟環境中（經濟過熱和經濟蕭條），應根據具體的調控目的，在對上述制約其影響擠出效應總量變化的方向和程度的因素作出合理組合的基礎上，選擇合理的貸款總體期限結構，以期得到在經濟過熱條件下增大擠出效應的同時，優化消費結構，或在經濟蕭條的情況下，減少擠出效應，同時不劣化消費結構的效果。

（6）確定消費信貸規模時，必須立足於消費者的實際收入水平

消費信貸是經濟發展到一定階段的產物，這一結論可以從消費信貸規模和消費者的收入水平與消費信貸對消費的擠出效應的關係中得到驗證。無論在前面的理論層面還是現實層面的分析中，都證明了消費信貸規模的變動對擠出效應總量變動有著正面影響，而消費者的收入水平變動對擠出效應總量有著負面影響。基於這樣的分析結果，在消費者的總體收入水平既定的情況下，消費信貸規模越大，其對消費的擠出效應也就越大；相應地，對消費乃至整個經濟的刺激作用就發揮得越不充分，反之亦然。這也在一定程度上體現出了消費信貸的邊際效應遞減這一規律。與此相對應，在消費信貸規模既定的情況下，消費者的收入水平越高，則消費信貸對消費的擠出效應越小；相應地，對消費乃至整個經濟的刺激作用就發揮得越充分，反之亦然。如果從極端意義上理解，那麼，當消費者的收入水平為 0 時，消費信貸將完全擠出消費。由此可見，消費信貸對消費的刺激作用是建立在消費者有較高的收入水平基礎之上的，否則，消費信貸就沒有存在的基礎。這一結論充分表明，只有在經濟發展到一定階段，消費者的收入達到一定水平以後，消費信貸才能真正地發展起來。

消費作為 GDP 的重要組成部分，其自身的增長必然在總體上推動消費者收入水平的提高。而消費信貸作為消費增長的重要「推手」，自然在提高消費者收入水平的過程中發揮著重要作用，但是其對消費的擠

出效應無疑會削弱這一作用；與此同時，消費者收入水平的上升又會通過削弱擠出效應而強化這一作用。因此，在利用消費信貸手段刺激消費時，必須從消費者的實際收入水平出發，合理調節消費信貸的規模，盡可能削弱因消費信貸規模不當而對消費產生的擠出效應，真正建立起消費增長與消費者收入水平提高之間的良性互動關係，使消費信貸的作用得到真正地發揮。

（7）應正確處理消費信貸與投資信貸之間的關係

消費信貸與投資信貸之間在一定程度上存在替代關係，消費信貸對消費的間接擠出效應正是因消費信貸替代投資信貸而造成的。兩者之間的相互關係及各自在擠出效應形成過程中所發揮的作用，決定了在不同的經濟條件下處理兩者關係的不同思路。在經濟蕭條階段，需要同時通過刺激消費和投資來拉動經濟增長時，必須在盡量壓縮消費信貸對消費的擠出效應的同時，充分發揮信貸活動對消費和投資的刺激作用。由於消費信貸對消費的直接擠出效應和間接擠出效應同時存在，這就提出了如何運用有限的信貸資源實現總擠出效應最小化或總刺激效應最大化的問題。對此，必須依據直接和間接擠出效應的形成機理，立足於對影響擠出效應總量變動的各因素的具體分析，把有限的信貸資源在消費信貸和投資信貸之間做出合理地分配。當經濟蕭條，並存在較大的通貨膨脹壓力時，可在分配信貸資源時，加大對投資領域的傾斜力度，以減少消費信貸對消費的間接擠出效應。同時，在配置消費信貸資源時，通過對貸款期限、利率和首付款比例及信貸覆蓋率的調整，擴大對消費的直接擠出效應，以削弱物價上漲的助推力量。當經濟過熱，需要在消費和投資兩個領域同時「降溫」時，則可在適當壓縮信貸總規模的同時，圍繞「在既定信貸規模下擠出效應最大化」的目標，結合對貸款期限、利率、首付款比例及信貸覆蓋面的調整，對信貸資源在消費領域和投資領域做出合理的分配。

6.3.2 經濟新常態及其對消費信貸的基本要求

（1）經濟新常態的基本含義

經濟發展具體表現為經濟增長速度的改變、經濟結構的優化、推動經濟增長的動力的消長，以及經濟運行過程中各種風險的累積和釋放這一系列經濟現象及其相互之間的組合的變化，這本身是一個複雜的動態過程。在這一過程中，變化是永恆的，且這種變化的內生性特徵非常明顯，以致參與經濟活動的各主體常常發出「計劃趕不上變化」的感嘆。然而，這種變化又不是無序的，無論是經濟增長速度的改變和經濟結構的調整，或是推動經濟增長的主要力量的消長和經濟活動中各類風險的累積及釋放，雖然都以經濟現象的「面目」出現，卻無一例外地受制於內在的經濟規律，其僅僅是經濟規律發揮作用的外在表現形式而已，而既然是經濟規律發揮作用的外在表現形式，那就必然是有序的。經濟規律發揮作用時，無疑受制於特定的經濟環境，不同的經濟環境造就了經濟規律發揮作用的不同條件，從而使經濟規律發揮作用的方式和程度也不同，其對經濟增長速度的影響、對經濟結構調整的要求、對拉動經濟增長的各種「動力」的增強或削弱程度，以及對與經濟活動相生相伴的各種風險所產生的影響，都將隨之而不同，從而使經濟增長速度的變化、經濟結構的調整、經濟增長的驅動力以及經濟活動中的各種風險等經濟現象以及這些經濟現象之間的相互組合，在很大程度上體現出與該經濟發展階段相匹配的相對穩定的特徵，這就是經濟的「常態」。簡單地說，經濟「常態」就是經濟規律在特定的經濟發展階段及與之相對應的特定經濟環境中發揮作用時，經濟現象所呈現出的相對穩定的階段性特徵。

在不同的經濟發展階段，經濟規律發揮作用的環境不同，經濟現象所呈現出的相對穩定的階段性特徵也各不相同，從而有著不同的經濟「常態」。當經濟發展進入一個新階段時，原有的經濟「常態」必將被

與新階段相適應的另一種經濟「常態」所替代。最典型的表現就是在短缺經濟時代和過剩經濟時代，經濟增長速度、經濟結構的調整要求、經濟增長的動力結構和經濟活動中的各種風險，都有著明顯不同的表現形式。即使同在過剩經濟時代，前述幾個方面在不同發展階段（例如2001年至2007年期間和2008至2015年期間）的表現也有著明顯的差異。當經濟發展進入一個新階段時，由於環境的變化，維繫原有的經濟「常態」的條件已不復存在，該種常態也就成爲了「舊常態」，而適應新的經濟發展階段的經濟「常態」則被稱之爲「新常態」。因此，經濟「新常態」實際上是一個動態的概念，處在一個沒有「最新」，只有「更新」的動態過程中，整個經濟發展過程就是一個「新常態」不斷演變爲「舊常態」的過程。現在所說的經濟「新常態」實際上就是經濟規律在「三期（即經濟增長速度換檔期、經濟結構調整陣痛期、前期經濟刺激政策消化期）疊加」的現階段發揮作用時經濟現象所表現出的相對穩定的階段性特徵。中央經濟工作會議強調要認識、適應和引領新常態，從本質上說，就是要立足於現實的經濟環境和經濟發展階段，在認識和尊重經濟規律的基礎上，合理地利用經濟規律，推動經濟的科學發展。

（2）經濟新常態的基本特徵

不同經濟發展階段的經濟「常態」有著不同的特徵。根據中央經濟工作會議對經濟新常態所作的詮釋，經濟現象在當前所處的「三期疊加」這一特定的階段所呈現出的相對穩定的特徵主要表現在以下方面：

①在消費需求方面，消費模式日益呈現出個性化和多樣化的特徵，消費者對產品質量和安全以及消費品附加功能的關注度日益提高。因此，爲了使消費繼續在推動經濟發展的過程中發揮基礎作用，必須加快產品創新步伐，保證產品質量安全，科學制定消費政策，有效激發消費潛力。

②在投資需求方面，面對傳統產業相對飽和以及產能相對過剩的現實，新產品、新技術、新工藝、新業態和新商業模式不斷被催生，新的商機不斷產生，「大眾創業，萬眾創新」正在成爲新的潮流，在這種情

況下，爲了有效發揮投資對經濟增長的關鍵作用，就必須創新投融資方式，以適應現階段投資需求的新特點。

③在出口和國際收支方面，全球性金融危機及其至今未能消除的後遺症，使全球總需求不振的狀況至今未能改變，加之中國的低成本比較優勢已發生了轉化，出口對中國經濟的拉動作用明顯減弱。因此，爲了使出口繼續對經濟發展發揮支撐作用，中國必須培育新的比較優勢。

④在生產能力和產業組織方式上，隨著短缺經濟時代的結束，傳統產業供過於求的狀況日益嚴重，產業結構優化升級的要求更加迫切，產業結構優化升級的步伐進一步加快，由此而引發了企業的兼併重組和生產的相對集中，並使新興產業和服務業等有了更加廣闊的「用武之地」，從而使產業組織出現了生產小型化、智能化和專業化的趨勢。

⑤在生產要素的相對優勢上，中國勞動力的低成本優勢正在逐步消失，生產要素之間的協同效應因此而難以充分發揮作用，因而必須加大創新力度，使創新成爲驅動經濟發展的新引擎。

⑥在市場競爭方面，隨著供求格局和消費理念的改變，市場競爭的主要手段正在向產品的質量和差異化優勢轉化，在這種情況下，加快形成統一、透明、有序、規範的市場環境，已成爲當務之急。

⑦在資源環境約束方面，由於長期以來對經濟發展和環境保護之間的關係處理得不夠恰當，致使現在的環境承載能力已經達到或接近上限，因此，在經濟活動中必須牢固樹立科學發展觀，正確處理經濟發展與環境保護之間的關係。

⑧在風險的累積和化解方面，由於消費需求、投資需求和出口需求以及政府支出方面的新變化，經濟增速下降已是客觀事實，這使經濟中的各類風險呈現出集中暴露的態勢，加大了化解風險的壓力。

⑨在資源配置和宏觀調控上，由於面對著全面化解過剩產能和利用市場機制引導未來產業發展方向的雙重任務，同時又必須正視全面刺激政策的邊際效果明顯遞減這一客觀事實，這使宏觀調控遭遇了前所未有的挑戰，在實施宏觀調控過程中，對調控方式的科學性提出了更高的要求。

經濟新常態的這些特點表明，中國經濟在形態、結構、增長速度、發展方式、發展動力、競爭方式等方面正在發生一系列的轉化，其中最引人注目的轉化是經濟增速的「減擋」、經濟結構的優化和經濟增長驅動力的更新。在這一系列的轉化過程中，各種經濟風險也在不斷地累積和釋放，使各經濟主體在風險管理問題上面臨新的挑戰。同時，在統一市場的構建、資源和生產要素的配置、宏觀調控、環境保護等方面，也提出了新的要求。總而言之，「中高速」「優結構」「新動力」和「多挑戰」是經濟新常態的基本特徵的關鍵詞，也是認識，進而適應和引領經濟新常態的基本切入點。

（3）新常態下經濟發展和宏觀調控對消費信貸的基本要求

消費信貸的功能是「適應經濟合理增長的需要，對消費進行有效的調節」，而經濟的合理增長在不同的條件和環境中有著不同的解讀，因而消費信貸的功能目標也會在不同的經濟背景下有著不同的選擇，即根據宏觀調控的不同要求，需要在是「利用消費信貸來刺激消費總量的進一步增長」，還是「利用消費信貸來遏制消費總量過快增長的勢頭」這兩者之間做出科學的抉擇，同時在調整消費結構方面採取相應的措施。在經濟新常態背景下，需求不足是制約經濟增長的根本原因，穩增長、調結構和實施供給側改革將是經濟宏觀調控的主旋律，同時，由於出口對經濟增長的拉動作用在新常態背景下極可能會被進一步削弱，進一步擴大內需必然是拉動經濟增長的首要選擇，消費和投資將繼續「領銜主演」拉動經濟增長這幕大劇，這必然在如何更有效地發揮對消費的刺激效應這一問題上，對消費信貸提出新的要求。

事實上，20世紀90年代後期，消費信貸業務在其發展之初，就是以扮演推動消費增長的主要「角色」的面目出現的，可以說是「受命於危難之間」，而且是在消費者的收入尚未達到應有的水平的基礎上，匆忙上陣的，即使到了今天，仍然可以說，消費者的收入水平依然難以有效地適應充分發揮消費信貸功能（尤其是在需求不足情況下刺激消費這一功能）的要求。因此，消費信貸業務運行近二十年來，雖然在推動消費總量增長進而推動經濟增長方面取得了一定的效果，但因存在對消

費的嚴重擠出效應，消費信貸的這種功能的發揮是很不充分的，而且，還出現了另外一些不合意的結果，突出表現爲住房價格的非理性上漲和消費「斷層」現象。

現在，面對新常態背景下經濟發展和宏觀調控的基本趨向，必然要求消費信貸在盡可能減少自身對消費的擠出效應，充分發揮對消費的刺激作用的同時，在優化消費結構、遏制住房和其他資產價格的非理性上漲、推動房地產去庫存等方面有效地發揮自身的作用，進一步迎合以增量改革促存量調整爲基本路徑，以提高全要素生產率爲核心的供給側改革的需要。

6.3.3 經濟新常態背景下合理發揮消費信貸效應的策略

（1）在擴大消費信貸規模的同時，優化消費信貸的投向結構

爲了有效地刺激消費增長，就必須進一步擴大消費信貸規模。但是，前面的分析已表明，消費信貸規模與擠出效應正相關，而且在現實經濟條件下，擠出效應總量變動對消費信貸規模變動非常敏感，消費信貸的規模多增長1%，即絕對額多增長180.60億元，就可使擠出效應增加1.93%，即擠出效應的總量增加336.97億元，這就提出了如何在擴大消費信貸規模的同時，弱化擠出效應的問題。事實上，消費信貸規模擴張導致擠出效應上升是在消費者收入水平、消費傾向、消費計劃中信貸消費品占消費品總量的份額、貸款利率和期限、貸款額度占信貸消費品價款的比例、消費者累積首付款的實際期限的既定情況下表現出來的，如果這些因素發生改變，則信貸規模對擠出效應總量的影響程度也會相應地改變，而在這些因素無法改變或改變的幅度不足的情況下，改變貸款投向結構，使貸款投向和投量都趨於分散，則能有效地縮小消費者每期所需累積的首付款額度和每期所需償還的本息額度與其首付款累積能力和本息償還能力之間的差距，從而削弱對非信貸消費的擠出效應。由於現階段的消費信貸投放領域仍以住房和汽車消費爲主，這類貸

款的單筆額度都較大，相應地，消費者每期所需累積的首付款額度和每期所需償還的本息額度與其首付款累積能力和本息償還能力之間的差距也較大，對非信貸消費的擠出效應必然隨之增大。在這種情況下，如果把新增的消費信貸規模主要投向其他單筆額度較小、使用範圍較廣的消費領域，則必然能產生信貸規模擴大，對消費的刺激力度增強，同時擠出效應被有效地削弱的效果。

（2）合理把握對信貸消費的政策誘導和宣傳的力度

消費者累積首付款期限的長短是影響消費信貸對消費的直接擠出效應的重要因素，從本書5.3.2的分析結果中可以看出，在現實經濟條件下，該期限的變動對擠出效應總量的變動有著負向作用，消費者累積首付款的平均期限延長1%，即增加11天，就可使擠出效應減少0.21%，即擠出效應的總量下降36.67億元。在這裡，雖然擠出效應總量對該期限的變動並不敏感，但該期限卻是決定消費者累積首付款時是否擠出非信貸消費的根本因素，只要該期限足夠長，那麼，在其他因素不變時，因消費者累積首付款而擠出消費的現象就會消失。消費者累積首付款的實際期限受消費信貸的政策誘導和宣傳攻勢的影響很大，在中國消費信貸業務迅速發展的這二十來年中，大多數年份對住房和汽車消費的政策誘導趨向都很明顯，宣傳力度很強，這導致很多消費者突破了自身的首付款累積能力，通過壓縮其他消費的方式，提前實現本應納入中期甚至長期消費規劃的住房消費和汽車消費目標。在這一過程中，不但因消費者累積首付款而擠出了大量的非信貸消費，而且在消費者獲得信貸支持後，因承受巨大的還本付息壓力而導致非信貸消費再次被大量擠出，使表面上功能強大的消費信貸業務在具體運作過程中，功能大量流失，對消費的刺激作用難以充分發揮，與此同時，住房價格則在消費信貸的「裹挾」下不斷上漲。由此可以看出，對以信貸方式實現住房消費和汽車消費的政策誘導和宣傳攻勢都應適當「降溫」，以實現住房消費和汽車消費在消費者的消費計劃中的「理性迴歸」，使消費者真正能根據自身的收入水平以及累積首付款和還本付息資金的能力，分別將這類消費納入自身的長期、中期或短期消費計劃。與此同時，應適當強化對以信

貸方式實現其他消費的政策誘導和宣傳攻勢的力度。相對於住房貸款和汽車貸款而言，其他消費信貸的額度較小，消費者累積首付款的壓力也較小，即使累積首付款的期限在政策誘導和宣傳攻勢下有所縮短，也不會對非信貸消費產生明顯地擠出。因此，這樣做不但有助於擴大消費信貸規模，刺激消費的增長，而且還可以將消費信貸從住房等領域適當分流到其他消費領域，以減輕住房價格上漲的壓力。

（3）科學確定消費信貸期限，弱化因還本付息而產生的擠出效應

本書5.3.2的分析結果已表明，在現實經濟條件下，消費信貸的期限對擠出效應總量變化有負向作用，消費信貸的平均期限延長1%，即增加54天，可以使擠出效應下降0.413%，即擠出效應總量減少72.11億元。在這裡，雖然擠出效應總量對該期限的變動並不敏感，但鑒於該期限是決定貸款後消費者是否會因為累積還本付息資金而擠出非信貸消費的重要因素，而且在本書4.2.2中已經證明在該期限足夠長的情況下，因消費者累積還本付息資金而擠出非信貸消費的現象將會消失，因此，為了削弱擠出效應，增強消費信貸對消費的刺激作用，科學地確定消費信貸的期限就成了必要的舉措。目前，在中國商業銀行發放的消費性貸款中，除了住房公積金貸款以外，其他絕大部分貸款的期限主要是由消費者在銀行規定的上限內自主選擇的，而在消費者提供的虛假收入證明等材料的支持下，銀行往往在確定每筆貸款的具體期限時，片面地尊重消費者的選擇。由於「有多少錢辦多少事」的傳統消費觀念和不夠成熟的現代負債消費觀念的衝突，往往使消費者在接受信貸消費觀念並實施信貸消費行為的時候，盡可能地縮短貸款期限，導致每期還本付息的壓力超過自身收入的承受能力，並不得不通過壓縮非信貸消費的方式，來滿足每期還本付息的資金需求。鑒於這一現實，為了弱化因消費者還本付息而產生的對非信貸消費的擠出效應，商業銀行在辦理消費信貸業務時，必須依據經過嚴格核實的消費者的收入水平證明材料並結合其他相關因素，科學地確定每筆貸款的具體期限，確保消費者每期還本付息的壓力在其收入水平的承受能力之內。

(4) 合理確定貸款條件，以此引導消費者的消費傾向

本書 5.3.2 的分析結果表明，在現實經濟條件下，消費者的消費傾向與消費信貸對消費的擠出效應之間存在負向變動關係，消費者的平均消費傾向每上升 1%，即提高 0.68 個百分點，可以使擠出效應下降 0.59%，即擠出效應總量減少 103.01 億元。在這裡，雖然擠出效應總量對消費傾向的變動並不敏感，但是，在刺激消費以拉動內需增長的大環境下，這樣的效果同樣不能忽視，畢竟，提高消費者的消費傾向是一項成本很低的舉措。消費者的消費傾向主要受制於消費者的消費心理、消費習慣和收入水平的變化，通常無法加以直接控制和調節，但可以通過適當的手段加以引導，其中，調整消費信貸的可獲得性就是引導消費傾向的有效手段。消費者的消費傾向通常會隨著收入水平的上升而遞減，而消費信貸對消費的刺激作用則可以遏制甚至抵消這種遞減趨勢，並且可能在一定程度上使消費傾向上升。當消費信貸的可獲得性提高時，消費者的消費傾向遞減的趨勢會減弱，甚至消費傾向會上升。在這裡，問題的關鍵是如何增強消費信貸的可獲得性。實際上，影響消費信貸可獲得性的主要因素就是貸款條件，其中貸款利率、首付款比例（首付款比例與 1 的差額就是貸款額度占信貸消費品價款的比例）和擔保條件是目前影響貸款可獲得性的主要因素。為了引導消費者提高消費傾向，以削弱消費信貸對消費的擠出效應，有必要在確保信貸資金安全的前提下，按照有利於優化消費信貸結構和消費結構的原則，進一步下調貸款利率和降低首付款比例，並採取靈活多樣的擔保方式，提高消費信貸的可獲得性。尤其對於住房消費貸款，前幾年為了適應控制住房價格的需要，相應地提高了首付款比例，這種「一刀切」的做法雖然可以在一定程度上遏制購房者對住房貸款的需求，緩解房價上漲的壓力，卻同時也加大了消費信貸對消費的擠出效應（本書 5.3.2 的分析結果已表明，在現實經濟條件下，消費信貸占信貸消費品價款的比例下降，也就是首付款比例上升 1%，即 0.7 個百分點，擠出效應總量將上升 1.63% 左右，即增加 284.59 億元左右），並且不利於提高消費者的消費傾向。因此，在確定首付款比例時，採取「有保有壓、區別對待」的做法，

根據住房的面積和檔次確定不同的首付款比例，對購買高檔住房的消費者核定較高的首付款比例，而對於購買經濟適用房的消費者核定較低的首付款比例，同時在確定貸款利率時也體現這一要求，應是更好的選擇（吳龍龍，黃麗明，2006）[①]。

（5）擴大消費信貸覆蓋率，提高信貸消費比重，削弱擠出效應

消費者的消費計劃中信貸消費品占消費品總量的份額是影響擠出效應的一個重要因素。本書 5.2.4 和 5.3.2 的分析結果已表明，該「份額」的變動對擠出效應總量的變動發揮著負向作用，而且在現實經濟條件下，該「份額」的變動對擠出效應總量的影響比較明顯，當該「份額」變動 1%，即上升或下降 0.18 個百分點時，擠出效應總量將相應地反向變動 0.93% 左右，即擠出效應的總量減少或增加 162.38 億元左右。由此可見，提高消費者的消費計劃中信貸消費品占消費品總量的份額，是現實經濟條件下壓縮擠出效應，擴大消費信貸對消費的刺激效應的有效選擇。一般說來，決定這一「份額」大小的因素除了消費者本人的偏好以外，主要就是消費信貸的覆蓋率，也就是購買時真正能獲得信貸支持的消費品在消費品供給總量中所占的比重。消費信貸的覆蓋率越高，消費者的消費計劃中信貸消費品占消費品總量的比重也相應越高，從而消費信貸對消費的擠出效應就越弱；反之，消費信貸對消費的擠出效應就越強。目前，從消費信貸的覆蓋面（即購買時真正能得到信貸支持的消費品類別的多少）來看，經過近二十年的發展，中國金融機構提供的消費信貸業務品種已經從 1997 年時單純的住房消費信貸，擴充到 10 多個品種，主要包括：個人住房按揭貸款、個人汽車貸款、個人助學貸款、個人住房裝修貸款、醫療貸款、旅遊貸款、房產抵押貸款、小額質押貸款、個人綜合消費貸款等，幾乎囊括了所有的個人消費領域。但是，這僅僅是表面現象，從覆蓋率來看，除了住房貸款、汽車貸款和助學貸款為主體的中長期貸款以外，用於其他消費品的貸款很少，這表明雖然消費信貸的品種豐富，但其中真正能有效地發揮作用的甚少。因

[①] 吳龍龍，黃麗明. 試析銀行信貸對住房價格的調控作用 [J]. 商業研究，2006 (14).

此，爲了遏制消費信貸對消費的擠出效應，充分發揮消費信貸的消費刺激效應，必須採取切實措施，提高消費信貸的覆蓋率，實現消費信貸對大部分消費品和消費行爲的覆蓋從目前形式上的覆蓋向實質上的覆蓋轉化。爲此，可以考慮從以下幾個方面採取措施：①加強信用卡宣傳，提高持卡人數的比重，同時增加特約商戶和 POS 機數量，改善信用卡服務，優化用卡環境；②除了進一步完善上述貸款類別及管理制度以外，還應把消費信貸業務擴大到其他高檔耐用消費品領域，如高檔數字電視、空調、電腦、家庭影院設施等方面，同時應加強對旅遊貸款的行銷力度，提高旅遊貸款在整個消費信貸中的比重；③要瞄準農村消費市場，特別是欠發達地區的農村消費市場，積極開展農村消費信貸服務，以提高農村家用電器的普及率爲切入點，同時兼顧農民在購買農機、農用汽車等方面的貸款需求，以適應農村規模經濟發展的需要；④應以收入水平爲標準，把消費主體劃分爲不同的層次，據以提供不同類別的消費信貸品種，爲消費者量身定制消費信貸服務方案，以滿足不同層次的消費者的不同消費需求，既提供滿足中高收入階層需要的住房、汽車及其他高檔耐用消費品貸款業務，又滿足適應中低收入階層需要的普通家用電器、輕便代步工具等中低檔消費品的貸款業務。採取這一系列措施既是現實經濟條件下遏制消費信貸對消費的擠出效應的需要，同時也是利用消費信貸手段優化消費結構的客觀要求。

(6) 立足於消費者的實際收入水平，科學確定貸款額度

用信貸方式實現消費目標的消費者的收入水平與消費信貸對消費的擠出效應之間存在負向變動關係，而且在現實經濟條件下，用信貸方式實現消費目標的消費者收入水平的變動對擠出效應總量的變動很明顯，該指標每變動1%，即增加或減少 96.42 億元，可以引起擠出效應總量相應地反向變動 0.925% 左右（詳見本書 5.3.2 的分析），即減少或增加 161.50 億元。從這一意義上說，提高消費者的收入水平是削弱消費信貸對消費的擠出效應的非常有效的選擇。但是，消費者收入水平的明顯提高需要經歷較長的時間，通常消費者都是在收入水平既定的條件下提出消費貸款需求的。在這種情況下，立足於消費者的實際收入水平，

科學地確定每筆貸款的額度,使既定條件下由該貸款額度決定的消費者每期需累積的首付款金額和每期所需償還的貸款本息額,處在消費者收入水平的承受能力之內,自然成了削弱消費信貸對消費的擠出效應的必要選擇,而且,只有這樣,才能真正實現消費信貸增長與消費者收入水平提高之間的良性互動。在這裡,問題的關鍵是能否準確瞭解消費者的收入水平。通常,消費者為了得到期望額度的貸款,會誇大自身及家庭成員的收入水平,並提供虛假的收入證明,因此,銀行必須強化貸前盡職調查的力度,仔細核實消費者提供的收入證明,剔除其中的虛假成分,並根據消費者所在單位和行業的現狀及發展前景,合理預測消費者的收入變動趨勢,在此基礎上,對貸款額度做出科學地核定,最大限度地減少擠出效應,確保現實經濟條件下消費信貸對消費的刺激效應得到充分發揮。

(7)應高度關注消費信貸資金和投資信貸資金在各自運用領域的資金配置效率

在既定的信貸資源約束下,消費信貸必然對投資信貸在額度上產生替代作用,從而使消費信貸間接擠出消費的現象不可避免。儘管本書5.3.2的分析結果已表明,如果適當降低信貸投資領域的資金利用效率以及消費者收入水平占GDP的比重,可以在一定程度上降低消費信貸對消費的間接擠出效應,但很顯然,這樣做是與經濟發展的要求背道而馳的。因此,在現實經濟條件下所要解決的問題,不應該是如何削弱消費信貸對消費的間接擠出效應,而應該是如何在既定的經濟發展背景下,盡可能通過對現有信貸資源在消費領域和投資領域的合理配置,壓縮消費信貸對消費的總體擠出效應,擴大消費信貸對消費的總體刺激效應的問題。根據結果的具體表現形式,消費信貸對消費的間接擠出效應分為絕對擠出和相對擠出兩種情況,在發生相對擠出的情況下,消費者的可支配收入水平和既定消費傾向下的消費水平在總量上都會表現為上升。如果單純考慮刺激消費的目的,那麼,出現消費信貸對消費的間接擠出效應中的相對擠出這一結果,對推動消費增長是有利的(詳見本書3.2.3的分析)。問題是消費信貸間接擠出消費的結果到底是造成對消

费的絕對擠出還是對消費的相對擠出，這主要取決於信用分配的效率。中國尚處在經濟發展的早期階段，在今後相當長的時間內，資金仍將是相對稀缺的資源。消費信貸的發展使大量的資金被配置於住房、汽車等高檔耐用消費品行業以及與這些行業密切相關的其他行業，如鋼材、水泥、電解鋁等，在放松消費者面臨的信用約束，並推動這些行業快速發展的同時，擠壓了其他行業的資金使用。在一定程度上可以說，消費信貸推動上述行業的發展是以犧牲其他行業的資金使用爲代價的。在這種情況下，只有在上述行業的資金使用效率超過其他行業時，消費信貸的發展才能真正拉動消費，並進而拉動整個經濟的發展；反之，消費信貸的發展就可能使整個經濟偏離其最佳的發展路徑。如果出現這種情況，那麼，絕對的間接擠出效應就發生了。從中國目前的經濟運行情況來看，房地產、汽車、水泥等行業都有著較高的資金配置效率，因而，消費信貸對消費的間接擠出效應暫時主要表現爲相對擠出。但是，隨著這些行業資金投入量的進一步增加，在資金邊際使用效率下降這一規律的作用下，消費信貸對消費的間接擠出效應從相對擠出轉化爲絕對擠出的可能性必然會逐步增大，這是信貸資金配置過程中必須高度重視，而且必須時刻關注的問題。

參考文獻

[1] Milton Friedman. A Theory of Consumption Function [M]. Princeton: Princeton University Press, 1957.

[2] James N. Morgan, M. H. David, W. J. Cohen, H. E. Brazer. Income and Welfare in the United States [M]. New York: Mc Graw Hill, 1962.

[3] Flavin M. A. The Adjustment of Consumption to Changing Expectations about Future Income [J]. Journal of Political Economy, 1981, 89 (5): 974-1009.

[4] Vince Daly, George Hadjimatheou. Stochastic Implications of the Life Cycle-Permanent Income Hypothesis: Evidence for the U. K. Economy [J]. Journal of Political Economy, 1981 (3): 596-599.

[5] Hall R. E, Mishkin F. The Sensitivity of Consumption to Transitory Income: Estimate from Panel Date on Households [J]. Econometrics, 1982 (50): 461-481.

[6] Campell J, Deaton. Why Is Consumption So Smooth? [J]. Review of Economic Study, 1989 (3): 357-373.

[7] Zelds, Stephen. Consumption and Liquidity Constraint: An Empirical Investigation [J]. Journal of Political Economy, 1989 (2): 275-298.

[8] Cohrane, John H. A Simple Test of Insurance [J]. Journal of Political Economy, 1999 (5): 957-976.

[9] Tullio Jappelli, Marco Pagano. Consumption and Capital Imperfec-

tions: An International Comparison [J]. The American Economic Review, 1989: 1088-1105.

[10] Philippe Bacchetta, Stefan Gerlach. Consumption and Credit Constraints: International Evidence [J]. Journal of Monetary Economics, 1997 (40): 207-238.

[11] Sydney Ludvigson. Consumption and Credit: A Model of Time-Varying Liquidity Constraints [J]. The Review of Economics and Statistics, 1999, 81 (3): 434-447.

[12] Muellbauer, Jhon. Surprises in the Consumption Function [J]. Economic Journal, 1983 (1): 34-50.

[13] Carroll C., S. Kimball. Liquidity Constraints and Precautionary Saving [J]. NBER Working Papers, 2001: 1-21.

[14] Maria da Conceicao Costa Pereira. The Effects of Households' and Firms' Borrowing Constraints on Economic Growth [J]. Portuguese Economic Journal, 2008 (7): 1-16.

[15] Campbell J. Y, Mankiw, N. G. Consumption, Income and Interest Rates: Reinterpreting the Time Series Evidence. In O. Blanchare and S. Fischer (eds.) [J]. NBER Macroeconomic Annual, 1989.

[16] Vei-lin Cheng, Sheng-cheng Hu. Financial Liberalization and Aggregate Consumption: The Evidence from Taiwan [J]. Applied Economics, 1997 (29): 1525-1563.

[17] Lucio Sarno, Mark P Taylor. Real Interest Rates, Liquidity Constraints and Financial Deregulation: Private Consumption Behavior in the UK [J]. Journal of Macroeconomics, 1998, 20 (2): 221-242.

[18] Peter Fousek. Consumer Credit and National Policy: Consumer Credit and Monetary Policy in the United States and the United Kingdom: Disscusion [J]. The Journal of Finance, 1962, 17: 355-357.

[19] Angelos A. Antzoulatos. Consumer Credit and Consumption Forecasting [J]. International Journal of Forecasting, 1996, 12: 439-453.

[20] Lars Peter Hansen, Kenneth Singleton. Stochastic Consumption, Risk Aversion and the Temporal Behavior of Asset Return [J]. Journal of Political Economy, 1983, 91: 249-265.

[21] 凱恩斯.就業、利息和貨幣通論 [M]. 北京：商務印書館, 1997.

[22] 宋承先. 現代西方經濟學（宏觀經濟學）[M]. 上海：復旦大學出版社, 1997.

[23] 範劍平. 居民消費與中國經濟發展 [M]. 北京：中國計劃出版社, 2001.

[24] 臧旭恒. 居民資產與消費選擇行為分析 [M]. 上海：上海人民出版社, 2001.

[25] 臧旭恒. 中國消費函數分析 [M]. 上海：上海三聯書店, 1994.

[26] 尹世杰, 蔡德容. 消費經濟學原理 [M]. 北京：經濟科學出版社, 1992.

[27] 萬廣華, 張茵, 牛建高. 流動性約束、不確定性與中國居民消費 [J]. 經濟研究, 2001 (11).

[28] 申樸, 劉康兵. 中國城鎮居民消費行為過度敏感性的經驗分析：兼論不確定性、流動性約束與利率 [J]. 世界經濟, 2003 (1).

[29] 杭斌, 王永亮. 流動性約束和居民消費 [J]. 數量經濟技術經濟研究, 2001 (1).

[30] 吳晶妹. 信用活動對經濟增長的長期效應 [J]. 成人高教學刊, 2003 (3).

[31] 胡春燕, 岳中剛. 中國銀行卡消費與經濟增長經驗分析 [J]. 經濟經緯, 2007 (5).

[32] 趙霞, 劉彥平. 居民消費、流動性約束和居民個人消費信貸的實證研究 [J]. 財貿經濟, 2006 (11).

[33] 王東京, 李莉. 論消費信貸與國內需求 [J]. 財貿經濟, 2004 (4).

[34] 葉岳良. 消費信貸能啓動消費市場嗎？ [J]. 財經理論與實踐, 1999 (5).

[35] 古炳鴻, 李紅崗, 葉歡. 中國城鄉居民邊際消費傾向變化及政策含義 [J], 金融研究, 2009 (3).

[36] 蔡浩義, 徐忠. 消費信貸、信用分配與中國經濟發展 [J]. 金融研究, 2005 (9).

[37] 齊天翔, 李文華. 貨幣化進程中的居民儲蓄增長分析 [J]. 金融研究, 1998 (11).

[38] 林曉楠. 消費信貸對消費需求的影響效應分析 [J]. 財貿經濟, 2006 (11).

[39] 程建勝, 劉向耘. 發展消費信貸促進經濟增長 [J]. 經濟學動態, 2003 (8).

[40] 吳龍龍. 消費信貸的消費擠出效應解析 [J]. 消費經濟, 2010 (1).

[41] 吳龍龍, 黃麗明. 試析銀行信貸對住房價格的調控作用 [J]. 商業研究, 2006 (14).

[42] 吳龍龍. 試析信用卡的消費信貸功能 [J]. 中國城市金融, 1999 (7).

[43] 吳龍龍. 讓信貸消費真正發揮作用 [J]. 經濟論壇, 1999 (11).

[44] 吳龍龍. 刺激消費的制約因素及對策思考 [J]. 黑龍江財專學報, 1999 (5).

[45] 汪偉. 中國居民儲蓄率的決定因素——基於1995—2005年省際動態面板數據的分析 [J]. 財經研究, 2008 (2).

[46] 朱春燕, 臧旭恒. 預防性儲蓄理論——儲蓄（消費）函數的新進展 [J]. 經濟研究, 2001 (1).

[47] 臧旭恒, 裴春霞. 預防性儲蓄、流動性約束與中國居民消費計量經濟分析 [J]. 經濟學動態, 2004 (12).

[48] 陶金. 中國消費市場形勢和主要特點分析 [J]. 宏觀經濟研

究，2007（7）．

[49] 賀京同，霍焰，程立超. 消費平滑性及其對中國當前消費政策的啟示［J］. 經濟評論，2007（3）．

[50] 易憲容，黃瑜琴，李薇. 消費信貸、信用約束與經濟增長［J］. 經濟學動態，2004（4）．

[51] 陳敏，劉小輝. 實證分析：消費信貸的宏觀經濟意義［J］. 商業研究，2002（3）．

[52] 孔東明. 前景理論、流動性約束與消費行爲的不對稱——以中國城鎮居民爲例［J］. 數量經濟技術經濟研究，2005（4）．

[53] 宋士雲. 應當全面認識消費信貸刺激消費需求的作用［J］. 中國外匯管理，1999（9）．

[54] 趙愛玲. 論消費信貸與收入、經濟增長的關係［J］. 財經問題研究，2000（10）．

[55] 武少俊. 強化消費需求啓動措施，保證經濟持續快速發展［J］. 金融研究，2003（5）．

[56] 沈健美，齊雪松. 中國消費信貸促進經濟增長的作用分析［J］. 廣西農村金融研究，2007（1）．

[57] 張奎，金江，王紅霞，等. 消費信貸對消費影響作用的實證研究［J］. 技術經濟，2010（2）．

[58] 史松. 試論發展消費信貸擴大國內需求［J］. 遼寧廣播電視大學學報，2010（2）．

[59] 魏杰. 啓動內需的舉措與效果評價［J］. 經濟縱橫，2009（7）．

[60] 田秋生. 擴大居民消費必須解決的四個問題［J］. 中國流通經濟，2009（12）．

[61] 馮博. 中國消費信貸發展評析［J］. 中國商貿，2010（2）．

[62] 黃宇. 中國城鎮居民消費行爲演變［D］. 濟南：山東大學，2009.

[63] 李凌. 消費波動、消費增長和中國經濟波動［D］. 上海：上

海社會科學院, 2009.

[64] 蓋立曉. 轉型時期中國城鎮不同收入階層消費特徵差異與影響因素研究 [D]. 濟南: 山東大學, 2009.

[65] 吳雅麗. 發展個人消費信貸 [N]. 光明日報, 1998-07-29.

[66] 張其佐. 發展消費信貸刺激國內需求 [N]. 光明日報, 1999-05-14.

[67] 林毅夫. 發展消費信貸拉動內需增長 [N]. 人民日報, 2003-06-17.

[68] 中國人民銀行貨幣政策司. 中國消費信貸發展報告 [N]. 金融時報, 2003-03-22.

[69] 佚名. 去年消費對經濟增長貢獻率預計超50% [N]. 北京青年報, 2010-01-15.

[70] 陸群. 從美元經濟到美股經濟的命運 [DB/EL]. 互聯網周刊, 2001-04-06.

後　記

　　我撰寫此書的初始靈感和衝動主要來源於自己的經歷、觀察和對與消費信貸相關的某些經濟問題的思考。

　　我是為數不多的較早借助於消費信貸方式實現住房消費目標的消費者之一。早在1998年，我就迎合了當時培育新的經濟增長點的調控要求，順應了住房商品化的趨勢，在絕大部分消費者對貸款買房持遲疑、觀望甚至抵制態度的情況下，以「一咬牙，一跺腳」的「意志」和「魄力」，借了16萬元的住房按揭組合貸款，在南京的「城鄉接合部」，買了一套價值近25萬元的住房。雖然在國外，貸款購房早就不是什麼新鮮事了，但在當時的中國，貸款購房者還是被很多人視為「較早吃螃蟹的人」。當時瞭解我此舉的朋友雖然在表面上對我的「膽略」表示「欽佩」，背後卻不免對我這一「輕率」之舉表示了很大的質疑。其實，我自己在這一舉動是否正確的問題上，也時時感到非常糾結。我在高校工作，當時的家庭年收入不到4萬元，孩子正在上小學，自己還想讀書深造，而且當時高校正處於體制劃轉階段，對於學歷不高的我而言，前途如何尚不得而知。在這種情況下，每月增加近2,000元的貸款本息這一剛性支出，對我這樣的家庭而言，其壓力是可想而知的。

　　也許是虛榮心作祟，我在消費上一直喜歡趕「時髦」，雖然沒有能力引領同齡人的消費潮流，但在同齡人的消費潮流中我也從未掉過隊。照相機、摩托車、尋呼機等在20世紀80年代末、90年代初被年輕人極力追捧的消費品，也經常被我用來在同齡人面前炫耀。也許正是因為這種虛榮心，我在1998年下半年作出了貸款購房這一在當時的同齡人中

很少有人作出的「膽大妄爲」的舉動，又一次走在了同齡人消費的前列。但是，我沒想到的是，從此以後，在每月還本付息的壓力下，我的消費能力和消費水平急遽地下降了，不但沒有能力繼續站在同齡人消費的前列，而且在消費上與同齡人攀比的激情和勇氣也幾乎蕩然無存。當同齡人在21世紀初普遍使用手機時，我依然對尋呼機依依不舍；當同齡人越來越多地以私家汽車作爲代步工具時，我卻連偶爾坐一次出租車還心疼半天；當同齡人興高採烈地去新（加坡）馬（來西亞）泰（國）旅遊時，我卻只能很低調地在南京的新（街口）馬（群）泰（山新村）來個「一日遊」。雖然隨著以後收入水平的逐漸提高，這種窘迫的境況有所改善，但是，由於「貸款月供」這一「緊箍咒」的影響，在整個還本付息期內，我都在不同程度上自覺或不自覺地把自己從消費時尚和潮流中隔離出來了。

我的貸款購房想法產生於1995年，自那時起我就在爲累積首付款而做準備，從同齡人的消費潮流中「掉隊」也是始於那時候。當還清全部貸款本息，我如釋重負般地回顧三年首付款累積期和八年還本付息期內的消費情況時，竟吃驚地發現，爲了累積首付款和償付貸款本息，自己放棄了很多本該享受的消費，自己的消費總量並沒有因爲消費貸款而增加，消費貸款改變的僅是自己的消費結構。這讓我聯想到了與我一樣的其他貸款購房者的情況，他們是不是也爲了累積首付款和償付本息而放棄了很多本該享受的消費呢？如果是這樣，那麼消費信貸改變的恐怕也只是他們的消費結構，而並沒有增加他們消費的總量。在21世紀初，與我同齡的很多朋友也陸續通過貸款方式購買了住房或者準備購買住房。在與他們的交往過程中，我發現在累積首付款和還本付息階段，他們的消費行爲幾乎都有一個共同的改變，那就是「出手」沒原來大方了，外出旅遊的次數少了，請客吃飯的檔次低了，出入高檔商場的頻率下降了……這一切無不表明，爲了累積首付款和還本付息，他們也在壓縮其他消費。面對這種情況，我向自己提了兩個問題：產生這種現象的原因何在？存在這種現象時，消費信貸的意義何在？

後 記

　　學者們通常認爲，消費信貸的功能在於刺激消費，但是，作爲一種需要還本付息的貸款，從長期來說，其本身是無法增加消費總量的，其對消費的真正刺激作用在於引導消費者把日常的儲蓄或者準備儲蓄的貨幣以首付款的方式投入到消費中，只有當消費者的首付款以及獲得貸款後用以償付利息的資金均來源於日常的儲蓄或擬儲蓄的貨幣，而非來源於壓縮的日常消費時，消費信貸對消費的刺激作用才能得到真正的發揮，否則，就只是消費在不同時間上的配置（即把未來的消費提前）而已，從長期來看，無助於消費總量的增加。因此，爲了確保消費者累積首付款和支付利息的資金真正來源於其儲蓄或擬儲蓄的貨幣，以便有效地發揮消費信貸對消費的刺激作用，就必須根據消費者累積首付款和還本付息的能力來確定消費信貸的額度，而消費者的這種能力又受制於其收入水平。當消費者的消費行爲及由此而產生的對消費信貸的需求與自身的收入水平相適應時，消費者就無須通過壓縮其他消費來滿足累積首付款和還本付息的需要。問題是，中國消費信貸的主要構成部分是住房按揭貸款和汽車按揭貸款，在20世紀90年代後期，住房和汽車消費是被視作拉動內需的「靈丹妙藥」而大力倡導的，而當時消費者的總體收入卻並未達到適合大規模消費此類商品的水平，因而當時利用信貸手段刺激住房和汽車消費的做法，在很大程度上帶有拔苗助長的色彩。在這種情況下，消費者的首付款和獲得貸款後支付的利息就不可能完全來自其儲蓄或擬儲蓄的貨幣，日常消費因累積首付款和還本付息而被壓縮也就不足爲奇了。其後，在消費信貸的助推下，住房價格一路飆升，其漲幅遠超消費者收入水平的漲幅，消費者遇到了更大的累積首付款和還本付息壓力，壓縮日常消費更是成爲順理成章之事。由此可以推斷出，在中國現實經濟條件下，對於絕大部分歸屬於工薪階層的消費者而言，借助於消費信貸方式來滿足購房需求時，都會在不同程度上壓縮日常消費。而且由於消費信貸處於年復一年的發放和還本付息過程中，這種現象幾乎是無時不在，消費信貸的功能也因此而在很大程度上被抵消，從長遠來看，其意義也被嚴重地削弱甚至消失了。

173

正是依據自己的上述經歷、觀察和分析，我在 2009 年時產生了對中國現實經濟條件下，消費信貸擠壓消費者的日常消費這一經濟現象做深入研究的衝動，並把這一現象命名爲「消費信貸的消費擠出效應」。經過近兩個月的研究，我完成了一篇題爲《消費信貸的消費擠出效應解析》的論文，並於 2010 年 1 月發表於《消費經濟》雜誌上。應該說，這篇論文是我在這一研究上取得的階段性成果，爲後續的研究奠定了基礎，但平心而論，我對這篇論文並不滿意。因爲其中只進行了空泛的理論分析，沒有聯繫實際展開研究，而且只研究了消費信貸對消費的直接擠出效應，對在信貸配給條件下，消費信貸取代投資信貸而間接導致的消費擠出效應未給予應有的關注，因而在內容的完整性上也存在著一定的欠缺。當時，我正在西南財經大學攻讀博士學位，我的導師，中國金融研究中心副主任曹廷貴教授建議我對該論題作進一步的深入研究，並針對進一步研究的方向和研究的切入點，提出了非常有益的建議。在導師的指導下，我於 2010 年 10 月完成了題爲《消費信貸的消費擠出效應研究》的博士論文，並於當年 12 月順利通過了答辯。當時，有朋友建議我把博士論文以專著的形式出版，但我考慮到中國消費信貸的發展歷史較短，論文中用於分析研究的樣本太小，以致分析結論的說服力不夠強，所以決定推遲幾年，待補充數據，擴大樣本後，把更具說服力的分析結論呈給讀者。

一轉眼，將近六年過去了，中國消費者的收入水平、消費信貸規模以及住房價格等對研究結論有著重大影響的指標都發生了很大的變化，用以研究的樣本容量也得到了相應的擴大，立足於經濟的現實表現所得出的分析結論應該更具客觀性和說服力，對在經濟新常態背景下有效地改善中國的消費信貸政策，合理發揮消費信貸對消費的刺激作用，推動房地產業去庫存，迎合供給側改革的要求，也許具有一些參考價值。基於這樣的考慮，我真正產生了把博士論文修改完善後以專著形式出版的想法，而令我慶幸和感動的是，我的這一想法得到了西南財經大學出版社的支持。於是，我花了近三個月的時間，重新收集數據，補充資料，

後 記

修正分析結論，並結合經濟新常態這一背景，補充相關內容，最終形成了現在得以呈給讀者的內容。我本以為這一過程不會太複雜，工作量也不會太大，但真正做的時候，卻發現所需投入的工作量並不比當初撰寫博士論文時少，甚至因為國家統計局調整統計數據和變換統計口徑，原來收集到的數據也需更新，工作量反而更大，好在這些工作現在都已完成，在行將擱筆之際，我還頗有些「痛定思痛」的感覺。

本書的出版僅僅代表著我在消費信貸的消費擠出效應這一論題上的階段性研究成果，並不代表研究任務的終結，因而沒有理由因本書的出版而感到如釋重負或沾沾自喜。在我看來，與其把本書的出版看成一個學習和研究階段的終點，不如把它看成在此基礎上一個新的學習和研究階段的起點，而在新的起點上追求新的飛躍，這應是人生永恆不變的主題。因此，對本書中許多內容和相關的問題作更深入、更準確、更透澈的分析和研究，將伴隨著我的人生而繼續進行下去。

在本書的寫作過程中，得到了老師和朋友們的關心和幫助，他們給予了我很大的支持和鼓舞。我的導師，西南財經大學中國金融研究中心副主任曹廷貴教授，在本書的大綱擬訂、資料收集以及整個寫作過程中，給予了大量的指導。導師學識淵博，治學態度嚴謹，且有著孜孜不倦、一絲不苟的工作作風，他將永遠是我學習的榜樣！四川大學碩士研究生張燕、中國人民銀行合肥中心支行的周浩博士、中國人民銀行南京分行的錢龍博士，以及江蘇無錫、南京、揚州、鹽城、徐州部分金融機構的朋友們，在本書的資料收集和調研過程中，給予了我大量的幫助；我的學生蔣倩倩、王佳萍、李鴻書在本書的數據整理和分析過程中提供了技術支持。在此謹對他們一併致謝！

中國的消費信貸業務曾長期受到壓制，雖然在最近的二十來年裡得到了快速地發展，但這種發展是在有一定的理論準備，卻沒有足夠的實踐經驗可資借鑑的情況下形成的。對於「受命於危難之間」同時又「倉促上陣」的消費信貸業務而言，發展過程中必然會出現一系列的問題，在刺激消費的同時又明顯地擠出消費就是其中之一。這種狀況為本

書的研究提供了契機，但同時也決定了在本書的研究過程中必然會面臨重重困難。畢竟，中國消費信貸業務發展的時間太短，可總結的規律性的東西太少，而且，在消費信貸的消費擠出效應這一論題上，幾乎沒有前人的研究成果可資借鑑。因此，對某些方面的研究不夠深入和透澈以及實證研究不夠具體和細緻的問題也就在所難免了。這些問題既是本書的瑕疵，同時也代表著需要隨著條件的逐步成熟而進一步深入研究的方向。在此，我真誠地希望讀者們批評指正！

吳龍龍

國家圖書館出版品預行編目(CIP)資料

消費信貸的消息擠出效應研究 / 吳龍龍 著. -- 第一版.
-- 臺北市：財經錢線文化出版：崧博發行，2018.12
　　面；　公分

ISBN 978-957-680-293-5(平裝)

1.信用貸款

562.332　　　107019129

書　　名：消費信貸的消息擠出效應研究
作　　者：吳龍龍 著
發行人：黃振庭
出版者：財經錢線文化事業有限公司
發行者：崧博出版事業有限公司
E-mail：sonbookservice@gmail.com
粉絲頁　　　　　　網　址：
地　　址：台北市中正區延平南路六十一號五樓一室
8F.-815, No.61, Sec. 1, Chongqing S. Rd., Zhongzheng Dist., Taipei City 100, Taiwan (R.O.C.)
電　話：(02)2370-3310　傳　真：(02) 2370-3210
總經銷：紅螞蟻圖書有限公司
地　　址：台北市內湖區舊宗路二段 121 巷 19 號
電　話:02-2795-3656　傳真:02-2795-4100　網址：
印　刷 ：京峯彩色印刷有限公司 (京峰數位)

　　本書版權為西南財經大學出版社所有授權崧博出版事業有限公司獨家發行電子書及繁體書繁體版。若有其他相關權利及授權需求請與本公司聯繫。

定價：400元

發行日期：2018 年 12 月第一版

◎ 本書以POD印製發行